ROMBACH WISSENSCHAFTEN · REIHE PARADEIGMATA

herausgegeben von Bernhard Zimmern
in Zusammenarbeit mit Karlheinz Stierle und Bernd Seidensticker

Band 50

Klaus Bartels

J͏ausendworte – in die Gegenwart gesprochen

Jahrtausendworte – in die Gegenwart gesprochen

ausgewählt, übersetzt und
vorgestellt von Klaus Bartels

rombach verlag

Die erste Auflage dieser Sammlung ist 2011 im Verlag Philipp von Zabern, Darmstadt/Mainz erschienen.

Einige wenige Übersetzungen sind von Hermann Fränkel (S. 28 f.), Wolfgang Schadewaldt (S. 158 f. und 164 f.) und Christoph Martin Wieland (S. 103) übernommen.

Bibliografische Information der Deutschen Nationalbibliothek

Die Deutsche Nationalbibliothek verzeichnet diese Publikation in der Deutschen Nationalbibliografie; detaillierte bibliografische Daten sind im Internet über <http:/dnb.d-nb.de> abrufbar.

© 2019. Rombach Verlag KG, Freiburg i.Br./Berlin/Wien
2., durchgesehene und ergänzte Auflage. Alle Rechte vorbehalten
Umschlag: Bärbel Engler, Rombach Verlag KG, Freiburg i.Br./Berlin/Wien
Satz: Janss Print- und Digitalmedien
Herstellung: Rombach Druck- und Verlagshaus GmbH & Co. KG, Freiburg i.Br.
Printed in Germany
ISBN 978-3-7930-9941-3

Meiner Frau Annette

unicae optimae

Jahrtausendworte

Tempora mutantur, et nos mutamur in illis, sagt das Geflügelte Wort: „Die Zeiten ändern sich, und wir ändern uns in ihnen." Von Homer bis in die Spätantike erstreckt sich die in Worten zu uns sprechende „Antike" über vierzehn Jahrhunderte, und die vielerlei Epochen von der Spätantike bis in die Postmoderne machen zusammen noch einmal die gleiche Zeitspanne aus. Mit der jüngsten Globalisierung und der unerhörten Akzeleration der Kulturprozesse hat sich die Welt neuerdings so rasch und so stark wie nie zuvor verändert. Und doch gibt es viele teils eher, teils weniger bekannte alte Worte und Texte, die uns über die Jahrhunderte und Jahrtausende hinweg im Wortsinne „unmittelbar" und überraschend eindringlich ansprechen. Ja, manche dieser alten Worte scheinen aus der fernen griechischen und römischen, so durchaus anders gearteten antiken Welt geradezu in die Gegenwart dieser jüngsten Jahrtausendwende hineingesprochen, sei's mit einer stillen, ernsten Mahnung, sei's mit einem fröhlichen Augenzwinkern.

Wenn der Athener Solon, einer der Sieben Weisen, sich zu einem lebenslangen Lernen bekennt – „Alt werde ich, und stets lerne ich vieles hinzu" – (S. 121); wenn Aristipp die Bildungskosten als eigentliche Freiheitskosten deklariert (S. 171); wenn Platon von den Regierenden als „Dienern", ja „Sklaven des Gesetzes" spricht (S. 47); wenn Aristoteles einen starken Mittelstand und eine ausgleichende Politik der Mitte fordert (S. 59 ff.); wenn Marc Aurel das „alles in sich selbst umschlagende" Recycling der Natur bewundert (S. 153); wenn Tertullian das Überhandnehmen des Menschen beklagt – „Wir sind der Welt zur Last" (S. 167) –, so sind das nur wenige Beispiele für derart gegenwartsnahe jahrtausendalte Worte und Texte. Das weit-

7

herzige Terenzwort „Ich bin ein Mensch, nichts Menschliches – nichts, was Menschen betrifft – nenne ich mir fremd" (S. 70) taugte heute zur Devise weltweit engagierter Hilfsorganisationen, und für die Entdeckung eines Menschheitsverrats noch jenseits des Landes-verrats (S. 74) und unserer Verantwortung auch für zukünftige Generationen (S. 75) scheint die Zeit ja eben erst gekommen. Nach Hiroshima und Nagasaki, Tschernobyl und Fukushima spricht die Hesiodeische Mythenerzählung vom Feuerdiebstahl des Prome-theus (S. 154 f.) uns neu und mächtig an.

Eine gute Hundertschaft solcher – *sit venia verbo* – „Jahrtausend-worte", eine durchaus persönliche Auswahl, ist hier unter zwölf the-matische Rubriken geordnet. Die jeweils auf sich gestellten, unter einem eigenen Titel mit einem knappgefassten Vorspann präsentier-ten Zitate bilden ein farben- und facettenreiches Kaleidoskop, in dem mancherlei Bezüge, vielfach auch über die Kapitelgrenzen hin-weg, hinüber und herüber spielen. Sie laden ein, im weiten Raum des geistigen Internet, wo schon seit längster Zeit ein Click „tausend Verbindungen schlägt", in die Kreuz und Quere bald die Antike aus der Perspektive der Gegenwart, bald die Gegenwart aus der Per-spektive der Antike zu betrachten und zu befragen. Die Überset-zungen bemühen sich gleicherweise um Genauigkeit und Zugäng-lichkeit – und darum, die sprachliche Eigenart der Originale getreu zu bewahren.

Der herzliche Dank des Autors gilt zuvörderst Prof. Dr. Dr. h. c. Bernhard Zimmermann für die ehrenvolle Aufnahme dieser „Jahrtausendworte" in die Reihe „Paradeigmata"; er gilt zugleich Dr. Torang Sinaga, dem Leiter des Rombach Verlags, für das dieser guten Hundertschaft solcher „Beispiele" gewährte Gastrecht in dem Freiburger Verlagshaus.

Kilchberg am Zürichsee, 6. März 2019   Klaus Bartels

8

Inhalt

Selbsterkenntnis, Gotteserkenntnis

„Sterbliches denken muss die sterbliche Natur."

Sophokles

Selbsterkenntnis

*Platon zitiert die Sprüche „Erkenne dich selbst!" und „Nichts im Über-
mass!" als „vielgerühmte" Weihegaben der Sieben Weisen an den Delphischen Apollon; noch im 2. Jahrhundert n. Chr. hat Pausanias die Inschriften in der Vorhalle des Tempels gesehen. Die beiden Sprüche gemahnen an
die allseitige Begrenztheit des Menschlichen gegenüber dem Göttlichen:
„Erkenne dich selbst!" in dem Sinne „Erkenne, dass du ein Mensch, dass
du sterblich bist!". Die Inschriften am Tempel in Delphi sind längst ver-
schollen; für den ersten der beiden Sprüche ist ein Fragment des Tragikers
Ion von Chios aus dem 5. Jahrhundert v. Chr. das älteste Zeugnis:*

„Erkenn dich selbst!: Das Wort ist nicht so gross; das Werk
so gross, dass Zeus als einz'ger sich darauf versteht."

„Nichts Armseligeres ..."

In Bettlergestalt ist Odysseus unerkannt in sein Haus heimgekehrt; am folgenden Tag wird er die Freier der Penelope alle töten. In einem von den Freiern arrangierten burlesken Zweikampf schlägt Odysseus den Bettler Iros aus dem Feld; während die Runde ihn unter vergnügtem Gelächter als Sieger begrüsst, spricht einer der Freier, Amphinomos, ihn freundlich an: „Freue dich, Vater, Fremder! Möge dir inskünftig Glück zuteil werden! Aber jetzt bist du ja mit vielerlei Übeln behaftet!" Odysseus dankt ihm und erwidert:

„Darum will ich dir etwas sagen, und du nimm es auf und höre auf mich:
Nichts Armseligeres nährt die Erde als den Menschen,
unter allem, was auf der Erde atmet und kriecht.
Denn niemals, meint er, werde er künftig ein Übel erleiden,
solange die Götter ihm Leistungskraft verleihen und seine Knie sich regen.
Aber wenn dann auch Schmerzliches die seligen Götter vollenden,
trägt er auch das, widerwillig, mit bekümmertem Mute.
Denn immer so ist der Sinn der Menschen auf dieser Erde,
wie jeweils den Tag ihm zubringt der Vater der Menschen und Götter."

Dem „Tag" unterworfen

Zwei knappe Fragmente des Archilochos, des Begründers der griechischen Lyrik, aus dem 7. Jahrhundert v. Chr. sprechen vom wechselnden Aufschwung und Absturz im Menschenleben. In der schlichten Bildersprache dieser Verse erscheint der Mensch ganz dem wechselnden Glück und Unglück des Tages unterworfen, wie im Äusseren, so im Inneren:

„Solcherart stellt sich uns Menschen der Mut ein, Glaukos, Sohn des Leptines,
uns sterblichen, wie der Tag geartet ist, den Zeus heraufziehen lässt,
und wir denken solches, wie die Verhältnisse geartet sind, denen wir begegnen."

„Für die Götter ist alles leicht. Vielmals richten sie aus dem Unglück die Männer auf, die auf dem schwarzen Boden hingestreckt lagen. Vielmals auch stürzen sie uns um; auch einen, der ganz kräftig ausschritt,
werfen sie jäh auf den Rücken. Vielerlei Übles trifft ihn nun: Des Nötigsten bedürftig irrt er umher, auch in seinem Denken aus der Bahn geworfen."

„Eines Schattens Traum"

Als Pindar das Siegeslied für Aristomenes von Ägina dichtete, den Sieger im Ringkampf an den Pythischen Spielen 446 v. Chr., war er bereits in seinen Siebzigern. Am Ende des Liedes hebt Pindar den „gottgegebenen Glanz" des Sieges von der Nichtigkeit des menschlichen Daseins ab. Das griechische „ephémeros", in Pindars Dialekt „epámeros", bedeutete in jener frühen Zeit nicht lediglich „ephemer, nur einen Tag, nur kurze Zeit dauernd", sondern buchstäblich „auf den Tag gestellt", jedem neuen Tag und seinem wechselnden Glück und Unglück preisgegeben:

„Auf den Tag gestellt. Was ist einer? Was ist einer nicht? Eines
Schattens Traum
ist der Mensch. Aber wenn ein Glanz, ein gottgegebener, kommt,
ist strahlendes Licht auf den Männern und lieblich das Leben."

„Der du ein Mensch bist ..."

Im späten 6. Jahrhundert v. Chr. ist das thessalische Adelsgeschlecht der Skopaden durch den Einsturz des Palastes während eines Festmahls ausgelöscht worden. Eine Legende berichtet von der wundersamen Errettung des Lyrikers Simonides von Keos, der sich damals am Hof der Skopaden in Krannon aufhielt. Der Anfang seines Klageliedes macht den Untergang des glanzvollen Fürstenhofs zum Paradigma für die Unbeständigkeit – und zugleich die Unbedeutendheit – überhaupt alles Menschenglücks:

„Der du ein Mensch bist, nimm nie vorweg, was morgen geschehen wird,
noch, wenn du einen Mann glücklich siehst, wie lange Zeit er es sein wird.
Denn noch plötzlicher als das Hierhin und Dorthin einer flügelschwirrenden Fliege,
so ist der Wechsel."

Gotteserkenntnis

Die Homerischen Epen stellen die Olympischen Götter leibhaftig vor Augen und lassen uns unmittelbar an ihrem Fühlen und Denken, Sprechen und Handeln teilnehmen. Am Anfang seiner Schrift „Über die Götter" stellt der Starsophist Protagoras von Abdera im 5. Jahrhundert v. Chr. die Möglichkeit jeglicher Gotteserkenntnis grundsätzlich in Frage:

„Über die Götter habe ich keinen Anhaltspunkt etwas zu wissen: weder dass sie sind noch dass sie nicht sind noch welcher Art sie sind in ihrem Aussehen. Denn vielerlei ist es, das uns hindert, etwas über sie zu wissen: ihr Nicht-in-Erscheinung-Treten und dass das Leben des Menschen nur kurz ist."

Bedenkzeit

Ein mehrfaches Hin und Her von immer wiederholten Fragen und immer verdoppelten Fristen zwischen dem Tyrannen Hieron I. von Syrakus und dem Lyriker Simonides von Keos verweist auf die Grenzen menschlicher Gotteserkenntnis. In Ciceros Dialog „Über das Wesen der Götter" führt Aurelius Cotta als Repräsentant der für ihre Skepsis bekannten Philosophenschule der „Akademiker" die feine Anekdote gegen den Epikureer Velleius ins Feld:

„Du fragst mich, was für ein Wesen oder welcher Art Wesen Gott sei. Da berufe ich mich auf ein Wort des Simonides. Als Hieron, der Tyrann, einmal ebendiese Frage an Simonides richtete, bat der sich einen Tag Bedenkzeit aus. Als er ihm am Tag darauf nochmals dieselbe Frage stellte, forderte Simonides zwei Tage. Als Simonides dann noch mehrmals die Zahl der Tage verdoppelte und Hieron verwundert fragte, warum er das tue, sagte er: ‚Darum: Je länger ich diese Frage betrachte, desto dunkler erscheint mir die Hoffnung, darauf jemals eine Antwort zu finden.'"

Lernen, suchen, bitten

In einem kurzen Essay über die „Tyche", das dem Menschen zufällig – glücklich oder auch unglücklich – „Zufallende", zitiert Plutarch zwei sonst nicht überlieferte Sophokleische Verse, in denen der Dichter „die Dinge auseinandernehme". Wir nehmen die beiden Verse, die drei Glieder hier auch im Druck auseinander:

„Das Lehrbare lerne ich;
das Auffindbare suche ich;
das Wünschbare erbitte ich mir von den Göttern."

„... desto eher bist du ein Gott"

Im Zuge seiner glanzvollen Operation gegen die Piraten im Jahre 67 v. Chr. stattete der grosse Pompeius der stolzen Stadt Athen einen Blitzbesuch ab: Er kam, liess sich sehen und ging. Die Athener begrüssten ihn am Stadttor mit zwei Inschrifttafeln. Als er kam, konnte er auf der Aussenseite wohl schon den Abschiedsgruss lesen: „Wir ersehnten dich, wir verehrten dich; jetzt sahen wir dich, nun geleiten wir dich." Als er ging, las er auf der Innenseite einen zweiten, nicht ganz so simplen Gruss:

„Je mehr du dir bewusst bist, ein Mensch zu sein, desto eher bist du ein Gott."

Goethe hat die paradoxe Mahnung in seinen „Zahmen Xenien" in Verse gefasst:

„Halte dich nur im stillen rein
und lass es um dich wettern;
je mehr du fühlst, ein Mensch zu sein,
desto ähnlicher bist·du den Göttern."

Selbsterkenntnis, Welterkenntnis

Ein Jahrtausend, nachdem die Sieben Weisen den Spruch „Erkenne dich selbst!" dem Delphischen Apollon als Weihegabe dargebracht hatten, spielt der spätantike Epigrammatiker Palladas Mensch und All, Selbsterkenntnis und Welterkenntnis, noch einmal gegeneinander aus:

„Sag, wie ermisst du die Grösse des Alls und die Grenzen der Erde –
    aus einem klein wenig Lehm trägst du ein klein wenig Leib!
Dich selbst zähle zuerst einmal ab und erkenne dich selbst erst,
    dann erst ergründe die Zahl des unergründlichen Alls!
Kannst du das klein wenig Lehm dieses Leibes schon nicht ermessen,
    wie willst erkennen du je des Unermesslichen Mass?"

„Unsterbliches denken"

„Ein Mensch muss das Menschliche denken."
Menander

Mit dem Weisheitsspruch „Erkenne dich selbst!" – in dem Sinne: Erkenne, dass du ein Mensch, dass du sterblich bist! (vgl. S. 16) – hatte die delphische Theologie des Masses zur Selbstbescheidung auf eben dieses „Menschliche, Sterbliche" gemahnt. Im 10. Buch seiner „Nikomachischen Ethik" greift Aristoteles die einschlägigen damals geläufigen Dichterzitate auf, um nun gerade umgekehrt zur Besinnung auf das Geistige, Göttliche, Unsterbliche im Menschen aufzurufen:

„Wenn also der Geist etwas Göttliches ist gegenüber dem Menschen, dann ist auch das nach Massgabe des Geistes geführte Leben göttlich gegenüber dem menschlichen Leben. Wir sollen nun nicht, wie die Dichter uns mahnen, ‚Menschliches denken, da wir Menschen sind', auch nicht ‚Sterbliches denken, da wir sterblich sind', sondern, soweit das möglich ist, Unsterbliches denken und alles daran setzen, nach Massgabe dessen zu leben, das in uns das Stärkste ist."

Aufstieg und Sturz

„Im Erfolg gibt es für die Menschen keine Sättigung."

Herodot

Grenzen des Reichtums

In seiner „Musenelegie" hebt der alte Solon, der Athener unter den Sieben Weisen, im frühen 6. Jahrhundert v. Chr. den massvollen, „von den Göttern geschenkten" Wohlstand von einem „mit hýbris" (in Fränkels Übersetzung: „wild und wüst") und „nicht nach dem kósmos" („unziemlich") erworbenen Reichtum ab, der unfehlbar mit verderblicher Verblendung verbunden ist:

„Reichtum, der von den Göttern geschenkt ist, beglückt den
Besitzer
    als ein dauerndes Gut, sicher gegründet und fest.
Dem aber wild und wüst die Männer nachgehn, unziemlich,
    dieser kommt mit, doch er folgt ohne zu wollen, verführt
durch die Taten des Unrechts, und rasch mischt sich ein die
Verblendung.
    Klein beginnt sie und wächst gleich einem zündenden Brand;
unscheinbar ist ihr Anfang, doch qualenbringend ihr Ausgang;
    denn überhebliches Tun hat keinen langen Bestand."

Solons Elegie schliesst mit einem Circulus vitiosus: Jeder derart im Unmass erworbene Gewinn steigert nur noch die Gewinnsucht und die Verblendung, die zum Verlust des Gewonnenen und so immer weiter zu neuen Gewinnern, neuer Gewinnsucht, neuer Verblendung und neuen Verlierern führt:

„Schickung bringt das Schlechte den Sterblichen, bringt auch das
Gute.
    Unentrinnbar für uns ist, was die Götter verleihn. …
Sterbliche haben kein kenntliches Grenzmal für Grösse des
Reichtums.
    Denn so geht es, dass der, welcher das Meiste besitzt,
doppelt so sehr sich anstrengt. Wer sollte da alle ersätt'gen?

Von den Göttern sind wir Menschen bedacht mit Gewinn,
doch es ersteht aus ihm Verblendung. Wenn Zeus sie herabschickt,
dass sie strafe, dann geht Segen der Reihe nach um."

Kleine Städte, grosse Städte

Der Niedergang des übermächtigen Perserreichs nach den katastrophalen Niederlagen bei Salamis und Platää 480 und 479 v. Chr. hat das Geschichtsbild Herodots geprägt. Am Ende seines Proömiums scheint der „Vater der Geschichtsschreibung" die spätere Ablösung des persischen Weltreichs durch das makedonische, des makedonischen Weltreichs durch das römische vorwegzunehmen, wenn er den Gang der Geschichte als ein beständiges Wachsen und Schwinden von „Glück", Macht und Reichtum kennzeichnet:

„In gleicher Weise werde ich die kleinen und die grossen Städte der Menschen durchgehen. Denn die in alter Zeit gross waren, von denen sind die meisten klein geworden; die dagegen zu meiner Zeit gross waren, die waren früher klein. Da ich nun weiss, dass das menschliche Glück niemals auf dem gleichen Stande stehenbleibt, werde ich beider in gleicher Weise gedenken."

Siebzig Jahre, 26 250 Tage

"Auf das Ende einer jeden Sache muss man schauen ..."

Am Anfang seines Geschichtswerks führt Herodot den sprichwörtlich glücklichen Lyderkönig Kroisos und den Athener Solon, einen der Sieben Weisen, zu einem Gespräch über das Glück zusammen. Kroisos fragt den weitgereisten Solon, wer von allen Menschen auf der Welt wohl der Glücklichste sei. Der Athener redet ihm nicht nach dem Munde, sondern "hält sich an das, was ist"; statt des erwarteten Namens nennt er zuerst seinen im Kampf gefallenen Landsmann Tellos und darauf die auf einem Götterfest in Argos zu Tode gekommenen Wettkampfsieger Kleobis und Biton. Als der Lyderkönig über die Nennung dieser drei "Glücklichen" empört auffährt, macht Solon ihm eine peinlich genaue Rechnung von Lebensjahren und Kalendertagen auf:

"Kroisos, du fragst mich – einen, der weiss, wie das Göttliche ganz voller Missgunst und Wirrsal ist – nach Menschendingen. Denn in der langen Zeit muss einer vieles mitansehen, was er nicht will, vieles auch selbst erleiden. Denn auf siebzig Jahre setze ich die Grenze des Lebens für einen Menschen an. Diese Jahre, also siebzig, bringen fünfundzwanzigtausend und zweihundert Tage – wenn es keinen Schaltmonat gäbe. Wenn jetzt aber jedes zweite Jahr einen Monat länger werden soll, damit doch die Jahreszeiten sich zur rechten Zeit einstellen, gibt das Schaltmonate über diese siebzig Jahre hin fünfunddreissig, Tage aus diesen Monaten eintausendundfünfzig. Von allen diesen Tagen, die in diese siebzig Jahre gehen, also sechsundzwanzigtausend und zweihundertundfünfzig, bringt kein einziger Tag das gleiche Geschehen hinzu wie irgendein anderer. So ist nun, Kroisos, der Mensch ganz und gar das, was ihm Tag für Tag begegnet. Für mich ist offensichtlich, dass du sowohl überaus reich bist als auch König bist über viele Menschen. Das aber, wonach du mich fragtest: glücklich, das nenne ich dich noch nicht, ehe ich denn gehört habe, dass du dein Leben einmal schön beschlossen hast. Denn der überaus Reiche ist keineswegs glücklicher als der, der eben für den Tag genug hat, wenn ihm nicht das Glück zuteil wird, dass er im Besitze alles Schönen sein Leben einmal gut beschliesst. Denn viele sehr reiche Menschen geraten schliesslich ins Unglück, viele dagegen, die in mässigen Verhältnissen leben, haben durchgehend Glück. … Auf das Ende einer jeden Sache muss man schauen, wie sie einmal ausgehen wird. Denn vielen schon hat die Gottheit das Glück von fern gezeigt und sie dann doch mitsamt der Wurzel ausgetilgt."

Anderthalb Jahrhunderte später hat Epikur, der Philosoph der Lebensfreude, gegen diese Sperrfrist seinen Einspruch angemeldet:

"Gegenüber dem vergangenen Guten undankbar ist die Stimme, die sagt: ,Sieh auf das Ende eines langen Lebens!'"

Der „Kreislauf der Menschendinge"

Nach dem raschen Sieg des Perserkönigs Kyros über Kroisos lässt Herodot den gestürzten Lyderkönig in der Rolle eines weisen Warners am Perserhof verbleiben. Vor seinem Feldzug gegen die Massageten bittet Kyros ihn um einen strategischen Rat. Kroisos schickt seiner Einschätzung, nicht ohne einen deutlichen Fingerzeig auf seine eigenen „Leiden" – „pathémata" – und „Lehren" – „mathémata" –, eine eindringliche Mahnung im Sinne des Delphischen „Erkenne dich selbst!" voraus:

„Mein König, ich habe es dir auch früher schon gesagt: Da Zeus mich dir in die Hand gegeben hat, will ich, wo immer ich ein Scheitern sehe für dein Haus, es nach Kräften abzuwenden suchen. Meine Leiden, so unerfreulich sie waren, sind mir zu Lehren geworden. Wenn du etwa wähnst, selbst unsterblich zu sein und über ebensolch ein Heer zu gebieten, so wäre es sinnlos, dass ich dir meine Meinung darlegte. Wenn du dir aber bewusst bist, dass du selbst ein Mensch bist und über ebensolche andere gebietest, so lass dir dieses hier als Erstes sagen: Es gibt einen Kreislauf der Menschendinge, der lässt mit seinem Umlauf nicht zu, dass immer dieselben im Glück sind."

Im Mittelalter erscheint dieser „Kreislauf der Menschendinge" in Gestalt der Rota Fortunae, eines sechs- oder achtspeichigen Rades, auf dessen Felge die Glücksgöttin die Könige zur Macht aufsteigen und wieder stürzen lässt. Ein einzelner Vers der „Carmina Burana" fasst diesen ganzen Kreislauf von Aufstieg und Absturz in knappe sechs Worte und sechs Versfüsse: „Regnabo, regno; regnavi, sum sine regno", „Herrschen werd' ich, ich herrsche; ich herrschte, ich bin ohne Herrschaft."

Der „Neid" der Götter

„Der Gott liebt es, alles Herausragende zurückzustutzen."

Wie am Anfang des Herodoteischen Geschichtswerks der Athener Solon dem Kroisos und dieser darauf dem Kyros, so tritt in der Folge, vor dem Perserzug von 480 v. Chr. gegen Griechenland, der ehrwürdige Artabanos seinem Neffen Xerxes als Warner entgegen. Und wie dort der weise Solon den Lyderkönig Kroisos, so gemahnt nun der alte Artabanos den jungen Perserkönig an den sprichwörtlichen „Neid" oder eher die Missgunst des Göttlichen:

„Du siehst, wie der Gott die herausragenden Tiere mit seinem Blitz trifft und nicht zulässt, dass sie sich in ihrer Grösse zeigen; die kleinen dagegen reizen ihn nicht. Du siehst, wie er auf die höchsten Häuser und die grössten Bäume seine Geschosse schleudert. Denn der Gott liebt es, alles Herausragende zurückzustutzen. So wird auch eine grosse Streitmacht durch eine schwache vernichtet, auf diese Weise: wenn der Gott, missgünstig geworden, ihnen Schrecken einjagt oder lähmende Verwirrung, durch die sie dann umkommen ungeachtet ihrer Übermacht. Denn der Gott lässt keinen anderen gross denken als sich selbst. Vorwärtsdrängen in jeder Sache erzeugt Fehltritte, aus denen sich leicht grosse Rückschläge ergeben; im Innehalten dagegen liegen die Fortschritte, und wenn sie nicht sogleich in Erscheinung treten, so wird man sie doch mit der Zeit erkennen können."

In einem späteren Gespräch mit Xerxes, vor dem Übergang über den Hellespont von Asien nach Europa, kommt Artabanos auf seine Warnung noch einmal zurück:

„Lass dir sagen, dass die Ereignisse über die Menschen herrschen und nicht die Menschen über die Ereignisse."

34

„In vieles Einsicht und über nichts Gewalt"

Nach der Niederlage der persischen Flotte bei Salamis 480 v. Chr. hatte Xerxes das Gros des Heeres in Thessalien zurückgelassen; in der Schlacht bei Platää 479 v. Chr. wurde auch diese Streitmacht vernichtend geschlagen. Kurz vor der Schlacht, berichtet Herodot, habe ein angesehener Thebaner den persischen Feldherrn Mardonios und je fünfzig vornehme Perser und Thebaner zu einem Festmahl eingeladen und jeweils auf einer Kline einen Perser und einen Griechen symbolträchtig zu Tischgenossen werden lassen. Nach dem rituellen Trankopfer für die Götter, als man zum Trinken überging, habe einer der Perser sich auf Griechisch an seinen Tischgenossen, einen Mann namens Thersandros aus Orchomenos, gewandt und ihm den nahen Untergang des persischen Heeres prophezeit:

„‚Da du mir jetzt zum Tischgenossen und zum Opfergenossen geworden bist, will ich dir eine Erinnerung an meinen Klarblick hinterlassen, damit du im Vorauswissen auch selbst für dich selbst das Ratsame bedenken kannst. Siehst du diese hier speisenden Perser und das Heer, das wir am Fluss im Lager zurückgelassen haben? Von allen diesen wirst du, nachdem nur ganz kurze Zeit verflossen ist, nur noch wenige am Leben sehen.' Das habe der Perser zu ihm gesagt und dabei viele Tränen vergossen. Er selbst habe sich über dieses Wort verwundert und erwidert: ‚Ja – muss man das dann nicht dem Mardonios sagen und denen, die nächst ihm in Ehren stehen von euch Persern?' Der habe darauf gesagt: ‚Mein Freund: was geschehen muss von dem Gott her, das vermag ein Mensch mit all seinen Kräften nicht abzuwenden; denn auch auf die, die Verlässliches sagen, will ja keiner hören. Was ich sage, wissen von uns Persern viele, und doch folgen wir, in die Notwendigkeit eingebunden. Der feindseligste Schmerz im Menschenleben aber ist dieses: in vieles Einsicht zu haben und über nichts Gewalt.'"

Herodot verbürgt sich wiederholt, einmal im Vorhinein und noch einmal im Nachhinein, für die Verlässlichkeit dieses stillen, schicksalsergebenen Kassandrarufs: Er habe das Berichtete von diesem Thersandros selbst gehört, und der habe das damals sogleich, noch vor der Schlacht, auch anderen gesagt.

Die Willkür der Tyche

Im Sturz des Königs Perseus, der 168 v. Chr. bei Pydna dem Römer Lucius Aemilius Paullus unterlag, und in der Auflösung des Makedonenreichs erkannte der Zeitzeuge Polybios das willkürliche Wirken der Zufallsgöttin Tyche. In seinem Geschichtswerk zitiert er eine hellsichtige Voraussage, die Demetrios von Phaleron, ein Zeitzeuge des Alexanderzugs, „wie mit göttlicher Stimme" fast 150 Jahre zuvor in einer Schrift über diese Tyche niedergelegt hatte:

„Auch wenn ihr nicht eine unbegrenzte Zeit und nicht einmal viele Generationen, sondern nur diese letzten fünfzig Jahre nehmt, könnt ihr daran erkennen, wie schwer die Willkür der Tyche einzuschätzen ist. Meint ihr denn, heute vor fünfzig Jahren hätten entweder die Perser oder der König der Perser oder auch die Makedonen oder der König der Makedonen, wenn einer der Götter ihnen die Zukunft vorausgesagt hätte, das wohl glauben wollen: dass bis heute von den Persern, die doch fast die ganze Welt beherrschten, nicht einmal der Name übrig bleiben werde, und die Makedonen, die bis dahin nicht einmal einen Namen hatten, sich der ganzen Welt bemächtigen würden? Aber dennoch: Mit dieser Tyche ist in Hinsicht auf unser Leben kein Vertrag zu schliessen; entgegen unserer Berechnung schafft sie ständig neue Verhältnisse und demonstriert uns ihre Macht im Eintreten des nicht Erwarteten. Auch jetzt, scheint mir, will sie allen Menschen dies vor Augen führen: dass sie, indem sie die Makedonen in das grosse Glück der Perser eingesetzt hat, auch diesen alle Macht und allen Reichtum nur geliehen hat, bis sie irgendwann in Zukunft wieder etwas anderes über sie beschliesst."

„Heute vor fünfzig Jahren"? Ja, welcher Zeitzeuge des Kalten Krieges hätte denn auch nur fünf Jahre vor der historischen Wende von 1989 glauben wollen, dass innert so kurzer Zeit die Konfrontation zwischen der östlichen und der westlichen Welt beigelegt, das Brandenburger Tor geöffnet und die Berliner Mauer den Mauerspechten preisgegeben sein würde?

Weinen um die Feinde

Nach der Einnahme Karthagos im Jahre 146 v. Chr. liess Publius Cornelius Scipio die Riesenstadt, wie der römische Senat es gefordert hatte, völlig niederbrennen. Die Feuersbrunst wütete 17 Tage lang; das Stadtgebiet wurde für immer verflucht. Auf Grund eines – im Ganzen verlorenen – Augenzeugenberichts des Polybios schildert Appian die denkwürdige Szene, in der Scipio im Untergang der punischen Metropole den Untergang der eigenen Vaterstadt vorausgespiegelt sieht:

„Als Scipio diese Stadt, die siebenhundert Jahre lang seit ihrer Gründung in Blüte gestanden, über so viel Land, Inseln und das Meer geherrscht und über Waffen, Schiffe, Elefanten und Geld verfügt hatte gleich wie die grössten Reiche …, damals gänzlich in einer äussersten Vernichtung untergehen sah, sollen ihm die Tränen gekommen sein, und es war offenkundig: Er weinte um die Feinde. Lange stand er in Gedanken, in sich selbst versunken, und bedachte, dass die göttlichen Mächte wie die Menschen auch Städte und Völker und Reiche stürzen müssten: So war es Troja geschehen, dieser einstmals glücklichen Stadt, so war es dem Reich der Assyrer, dem der Meder und dem der Perser geschehen, das nach jenen zur stärksten Macht geworden war, und so auch dem, das dann in jüngster Zeit aufgestrahlt war, dem Reich der Makedonen. Und zu Polybios, dem Historiker, gewendet, sagte er, sei es mit Überlegung, sei es, dass das Wort ihm unwillkürlich auf die Lippen kam: ‚Sein wird der Tag, dass einst zugrunde geht die heilige Ilios / und Priamos und das Volk des lanzenguten Priamos.‘ Als Polybios ihn darauf ganz unbefangen fragte – denn er war ja auch sein Lehrer gewesen –, was dieses Wort bedeute, da soll Scipio ohne Rückhalt ganz offen den Namen seiner Vaterstadt genannt haben – um die er also, auf die Menschendinge hinblickend, in Furcht war. Und das berichtet Polybios, der es selbst gehört hat, in seinem Geschichtswerk."

Ein kurzes Fragment aus dem Geschichtswerk des Polybios lässt uns in den Originalton des Augen- und Ohrenzeugenberichts hineinhören:

„Indem Scipio sich zu mir umwandte und meine Rechte ergriff, sagte er: ,Polybios, es ist ja schön; aber – ich weiss nicht wie: Ich bin in Unruhe und voller Furcht, dass irgendwann einmal ein anderer ebendiesen Befehl für unsere eigene Vaterstadt geben wird.' Ein klarsichtigeres und besonneneres Wort lässt sich nicht leicht nennen. Denn dass einer angesichts seiner grössten Erfolge und der Vernichtung seiner Feinde den Gedanken an die eigenen Glücksumstände und die Umkehrung der Verhältnisse fasst und überhaupt in der Gunst der Tyche die Unbeständigkeit ebendieser Tyche vor Augen hat, das zeugt von einem grossen und vollkommenen Mann, der – mit einem Wort – unseres Gedenkens wert ist."

555 Jahre später, 410 n. Chr., ist auch die „Ewige Stadt" Rom durch den Westgotenkönig Alarich eingenommen und geplündert worden.

„Was du da siehst, ist Rom ..."

Ein Epigramm des Ianus Franciscus Vitalis aus dem frühen 16. Jahrhundert deutet selbst die Verwüstung Roms noch als ein paradoxes letztes Siegeszeichen der einstigen Weltherrin:

„Mitten in Rom suchst du Rom, der die Stadt du eben betreten,
    Fremder, und nichts von Rom findest du mitten in Rom?
Schau auf die mächtigen Mauern, die jäh abstürzenden Wände,
    auf der Theater im Schutt tief schon versunkenes Rund.
Was du da siehst, ist Rom: Noch der Leichnam der Riesenstadt atmet
    – spürst du's? – bis heute den Hauch herrisch gebietender Macht.
Wie Rom den Weltkreis besiegte, besiegte sich selbst es: besiegte
    selbst sich, dass nichts in der Welt unbesiegt bleibe von Rom.
Nun ist in Rom, dem besiegten, das unbesiegte begraben,
    und das siegreiche Rom und das besiegte sind eins.
Nur noch der Tiber ist übrig als Künder des römischen Namens,
    reissend ergiesst sich der Fluss Welle um Welle ins Meer.
Lerne daraus, was Fortuna vermag: Das Ruhende stürzt sie,
    und das ruhelos stets Fliessende lässt sie bestehn."

Staat und Gesetz

Ὁ ἄνθρωπος φύσει πολιτικὸν ζῷον.
„Der Mensch ist von Natur ein staatenbildendes Wesen."

Aristoteles

„Das Gesetz, der König über alle ..."

Mit einem einprägsamen Bild hatte Pindar den „nómos", die jeweils in Gel-
tung stehenden Gebräuche und Gesetze, als den „König über alle, Sterbliche
und Unsterbliche", angesprochen. In seinem Gefolge erweist der weltkun-
dige Herodot mit Bezug auf die Wahnsinnstaten, die der Perserkönig Kam-
byses in Ägypten „wider Heiliges und Hergebrachtes" verübt hatte, dem
„nómos" seine Reverenz:

„Wenn einer alle Menschen vor die Wahl stellte und sie aufforderte,
aus den Gebräuchen und Gesetzen aller Völker die schönsten für
sich auszuwählen, würde doch wohl jedermann, nachdem er sie
allesamt durchgesehen hätte, die seines eigenen Volkes wählen. So
fest ist jedermann davon überzeugt, dass die Gebräuche und Gesetze seines eigenen Volkes bei weitem die schönsten seien. ... Als
Dareios noch über das Perserreich herrschte, rief er einmal die gerade an seinem Hof weilenden Griechen zu sich und fragte sie, um
welchen Preis sie sich bereit fänden, ihre Väter, wenn sie gestorben
seien, zu verspeisen. Die sagten, um keinen Preis in der Welt würden sie das über sich bringen. Darauf rief Dareios eine Gesandtschaft
der Inder herein, vom Stamme der sogenannten Kallatier, die ihre
verstorbenen Väter zu verzehren pflegen, und fragte sie – in Gegenwart der Griechen, die durch einen Dolmetscher erfuhren, was gesprochen wurde –, um welchen Preis sie es auf sich nähmen, ihre
verstorbenen Väter auf einem Scheiterhaufen zu verbrennen. Die
schrien laut auf und beschworen ihn, von einem solchen Frevel zu
schweigen. So fest stehen also diese Gebräuche und Gesetze in Gel-
tung, und Pindar scheint mir in seinem Lied das Richtige zu treffen,
wenn er sagt, dass Brauch und Gesetz König über alle sei."

Das „Mass aller Dinge"

Ἄνθρωπος μέτρον ἀπάντων.
„Der Mensch ist das Mass aller Dinge."

Mit einem Paukenschlag hatte Protagoras von Abdera, der Grand Old Man der griechischen Sophistik, seine – verlorene – Schrift unter dem lapidaren Titel „Wahrheit" eröffnet:

„Aller Dinge Mass ist der Mensch, sowohl der seienden, dass (oder: wie) sie sind, als auch der nicht seienden, dass (wie) sie nicht sind."

In seinem „Theaitetos" lässt sich Platon über diesen sogenannten Homo-mensura-Satz folgendermassen aus: „Er meint es doch ungefähr so: Wie die einzelnen Dinge mir erscheinen, so sind sie für mich, und wie sie dir erscheinen, so sind sie wiederum für dich: Ein Mensch bist du doch so gut wie ich?" Mit krasser Ironie gibt Platon in der Folge seiner Verwunderung Ausdruck, dass Protagoras da nicht etwa ein Schwein oder einen Affen zum Mass aller Dinge erhoben habe: So wüssten wir doch, „dass er nicht mehr Verstand habe als eine Kaulquappe, geschweige denn als irgendein anderer Mensch". In seinem Alterswerk, den „Gesetzen", stellt Platon dem Protago-reischen Satz diesen Gegen-Satz entgegen:

„Der Gott also wäre uns wohl am ehesten das Mass aller Dinge, und er viel eher als etwa, wie sie sagen, irgendein Mensch."

Ein Tauschmarkt für Gut und Schlecht

Wenn bei den einen das eine, bei anderen das andere als „schön" oder „verächtlich", „gut" oder „schlecht" gilt, was bedeuten dann noch diese Werte? In einer anonym überlieferten sophistischen Schrift unter dem sprechenden Titel „Doppelzüngige Reden" finden wir alles „Schöne" und „Verächtliche", „was ein jeder dafür hält", auf einem für alle Welt geöffneten Bring- und Holtag feilgeboten – und am Abend diesen imaginären interkulturellen Tauschmarkt aller Werte und Unwerte wieder gänzlich geräumt:

„Ich glaube, wenn einer alle Menschen auf der Welt aufforderte, jegliches Verächtliche, was ein jeder dafür hält, auf einem Platz zusammenzubringen, und dann wieder, aus all dem da Aufgehäuften jegliches Schöne, was einem jeden dafür gilt, mit sich davonzutragen, so würde kein einziges Stück auf dem Platze zurückbleiben, sondern alle würden alles, der eine dies, der andere das, wieder mit sich davontragen. Denn die Menschen halten nicht alle das Gleiche für verächtlich oder schön."

Überlebenschancen

In seinem „Protagoras" lässt Platon den Starsophisten einen Kunstmythos von der Erschaffung der Tier- und Menschengeschlechter und der „technischen" und „politischen" Ausstattung des Menschen erzählen. Darin geht der Mensch bei der natürlichen Ausstattung der Tiere gänzlich leer aus, als ein „nackt und bloss, unbedeckt und unbeschuht" geborenes Mangelwesen. Der Feuerdiebstahl des Prometheus verschafft ihm die technischen Künste der Athene und des Götterschmieds Hephaistos und macht ihn zum ingeniösen Homo Faber. Aber nicht diese vielerlei technischen Künste, so will es der Platonische Mythos, erst die Stiftung von „Ehrfurcht" und „Recht" und damit der „politischen Kunst" durch den Göttervater Zeus vermag das Überleben des Menschengeschlechts auf Dauer zu sichern:

„Derart also eingerichtet wohnten die Menschen am Anfang weit über das Land verstreut; Städte gab es noch nicht. Nun fielen die Menschen aber ständig den wilden Tieren zum Opfer, da sie in jeder Hinsicht schwächer als diese waren. Die handwerklichen Künste waren ihnen zum Nahrungserwerb zwar eine hinreichende Hilfe; zum Krieg gegen die wilden Tiere aber reichten sie nicht aus, denn die politische Kunst besassen die Menschen noch nicht, von der die kriegerische ein Teil ist. Schliesslich suchten sie sich an einem Ort zu sammeln und dadurch zu überleben, dass sie Städte gründeten. Doch als sie sich so zusammengefunden hatten, fügten sie einander vielfach Unrecht zu – da sie ja die politische Kunst noch nicht besassen –, so dass sie sich wieder zerstreuten und weiter durch die wilden Tiere umkamen.

Da kam in Zeus Furcht auf um unser Geschlecht, es könne noch ganz zugrundegehen, und er entsandte Hermes, Ehrfurcht und Recht zu den Menschen zu bringen, dass es unter ihnen Staatsordnungen gebe und einigende Freundschaftsbande. Hermes fragte Zeus, auf welche Weise er den Menschen nun Recht und Ehrfurcht geben solle: ‚Soll ich, wie die technischen Künste verteilt sind, so auch diese verteilen? Jene sind so verteilt: Ein Einziger, der die ärztliche Kunst beherrscht, reicht aus für viele Laien, und so auch diejenigen, die sich sonst auf ein Handwerk verstehen. Soll ich also auch Recht und Ehrfurcht so unter die Menschen bringen, oder soll ich sie auf alle verteilen?' ‚Auf alle', erwiderte Zeus, ‚und alle sollen an ihnen teilhaben; denn es könnten sich keine Staatsgemeinschaften bilden, wenn nur wenige an diesen teilhätten wie an jenen anderen, technischen Fähigkeiten …'"

Die Regierenden: „Sklaven des Gesetzes"

„Die Könige des Staates: die Gesetze."

Platon

Herausfordernd pointiert hat Platon in seinen „Gesetzen" als Erster das Gesetz als den „Herrn der Regierenden" und entsprechend die Regierenden als „Diener", ja „Sklaven des Gesetzes" bezeichnet. Friedrich der Grosse hat vom Herrscher danach als dem „Ersten Diener des Staates" gesprochen, und bis heute tragen die höchsten Magistraten den Ehrentitel eines „Ministers", eines „Dieners".

„Die sogenannten Regierenden habe ich jetzt die ‚Diener an den Gesetzen' genannt, und dies nicht um der Schöpfung eines Schlagworts willen. Vielmehr bin ich überzeugt, dass hierin mehr als in allem anderen die Sicherheit für einen Staat gelegen ist und so auch das Gegenteil. Denn wo immer das Gesetz einer Herrschaft unterworfen und ausser Kraft gesetzt ist, sehe ich für einen solchen Staat den Zusammenbruch nahe bevorstehen; wo immer dagegen das Gesetz Herr über die Regierenden, die Regierenden wiederum Sklaven des Gesetzes sind, sehe ich für diesen Staat die Sicherheit und überhaupt alles Gute, das die Götter einem Staat geben können, sich einstellen."

„Wer niemals Sklavendienst geleistet hat, wird auch niemals ein Herr werden können, der Lob verdient, und seinen Stolz soll einer eher darein setzen, gut zu dienen, als darein, gut zu herrschen, in erster Linie den Gesetzen, da dieser Sklavendienst den Göttern gilt …"

In einer tadelnden Bemerkung des Makedonenkönigs Antigonos II. Gonatas (283–239 v. Chr.) gegenüber seinem Sohn hat der Buntschriftsteller Älian uns einen feinen Reflex dieser Platonischen Perspektive bewahrt:

„Weisst du denn nicht, mein Sohn, dass unsere Königsherrschaft nichts als ein ehrenvoller Sklavendienst ist?"

Politische Macht und Philosophie

*In seinem utopischen Dialog vom „Staat" spricht Platon von drei „Wogen"
der Empörung, die seinen Staatsentwurf hinwegzuschwemmen drohen.
Nach der ersten und zweiten – über die Gleichstellung der Geschlechter
und die Gemeinschaft an Frauen und Kindern – fordert er genau in der
Mitte des Werks die dritte und „grösste" heraus: das „Gelächter" über die
Verknüpfung von politischer Macht und philosophischer Wahrheitssuche:*

„Wenn nicht entweder die Philosophen zu königlicher Herrscherge-
walt gelangen in den Staaten oder diejenigen, die jetzt Könige und
Herrschende genannt werden, sich aufrichtig und hinlänglich der
philosophischen Wahrheitssuche zuwenden und dies in eins zu-
sammenfällt: politische Macht und Philosophie, und wenn nicht die
vielen Menschennaturen, die jetzt jeweils getrennt voneinander die
eine oder die andere dieser beiden Marschrichtungen verfolgen, unbedingt davon ausgeschlossen werden, gibt es des Elends kein Ende
für die Staaten, und ich glaube, überhaupt nicht für das ganze Menschengeschlecht …"

Ein Staatsbürger von Natur

Aus den von Natur gegebenen Haus- und Dorfgemeinschaften lässt Aristo-
teles die vollends autarke, „sich selbst genügende", und auf gemeinsame
Werte gegründete Staatsgemeinschaft hervorgehen. Erst in dieser Staats-
gemeinschaft, der Polis, könne der Mensch sein „gutes", das heisst hier:
menschengemässes Leben finden:

„Die aus mehreren Dörfern gebildete vollkommene Gemeinschaft
ist der Staat, der nunmehr sozusagen die Grenzmarke der Autarkie
erreicht, entstanden anfangs um des blossen Überlebens willen, be-
stehend aber um des guten, menschengemässen Lebens willen. ...
Daraus geht klar hervor, dass der Staat zu den von Natur gegebenen
Dingen gehört und dass der Mensch von Natur ein staatenbildendes
Wesen ist; wer aufgrund seiner natürlichen Veranlagung und nicht
aufgrund zufälliger Umstände ausserhalb der Staatsgemeinschaft
steht, der ist entweder missraten oder stärker als ein Mensch, wie
der von Homer getadelte ‚ohne Bruder, ohne Gesetz, ohne Herd' ...
Denn gegenüber den anderen Lebewesen ist den Menschen das
eigentümlich, dass einzig sie ein Empfinden für Gut und Schlecht,
Gerecht und Ungerecht und die übrigen solchen Werte besitzen. Die
Gemeinsamkeit dieser Werte aber begründet die Haus- und die
Staatsgemeinschaft. ...

Wenn jeder Einzelne von den anderen Einzelnen getrennt sich selbst
nicht genug ist, wird er sich in gleicher Weise wie die anderen Teile
zum Ganzen verhalten; wer aber nicht fähig ist, an der Gemeinschaft
teilzunehmen, oder ihrer nicht bedarf, weil er sich selbst genug ist,
der ist nicht Teil einer Staatsgemeinschaft und darum entweder ein
Tier oder ein Gott."

Ein schaudernder Blick streift hier am Schluss den nicht nur zu vielem,
sondern auch, wie wir sagen, „zu allem" fähigen Menschen:

„Von Natur nun ist der Trieb zu einer solchen Staatsgemeinschaft in allen Menschen vorhanden; doch der sie als Erster eingerichtet hat, ist damit zum Urheber höchster Güter geworden. Denn wie der Mensch, zu seiner Vollendung gebracht, das höchste von allen Lebewesen ist, so ist er auch, geschieden von Gesetz und Recht, das niedrigste von allen. Denn am fürchterlichsten ist das Unrecht, das über Waffen verfügt; der Mensch aber verfügt in seiner Intelligenz und seiner sonstigen Tüchtigkeit von Natur über Waffen, die sich sehr leicht zu entgegengesetzten Zwecken missbrauchen lassen. Darum ist der Mensch ohne Gesetz und Recht das frevelhafteste und gewalttätigste Lebewesen und, was den Liebes- und Nahrungsgenuss angeht, das niedrigste."

Unabänderliche Rechte

In Ciceros Dialog „Über den Staat" gründet der jüngere Gaius Laelius die unabdingbaren Menschenrechte und überhaupt Recht und Gesetz im Sinne der Stoa auf die göttliche Vernunft und die mit ihr in Einklang stehende Natur. Der Kirchenvater Laktanz hat Ciceros pathetische Hymne auf dieses „wahre Gesetz" in seinem Hauptwerk als Einziger überliefert; er zitiert dieses stoische Gesetz dort zugleich als „Gottes Gesetz, … jenes heilige, jenes himmlische, das Marcus Tullius (Cicero) mit fast göttlicher Stimme dargestellt hat":

„Das wahre Gesetz ist die richtig geleitete Vernunft, mit der Natur im Einklang stehend, ausgegossen auf alle, immergleich und immerwährend, die durch ihr Gebot zum rechten Handeln aufruft, durch ihr Verbot vom unrechten Tun abschreckt, die jedoch weder dem Redlichen vergebens gebietet oder verbietet noch den Unredlichen durch ihr Gebieten oder Verbieten von seinem Tun abbringt. Diesem Gesetz ein anderes entgegenzustellen, darf ein Mensch sich nicht vermessen: Weder darf irgendein Teil davon abbedungen werden, noch kann es als Ganzes aufgehoben werden, noch auch können wir entweder durch den Senat oder durch die Volksversammlung von diesem Gesetz entbunden werden. Auch bedarf es dazu keines Erklärers und Auslegers vom Range eines Sextus Aelius. Es wird auch nicht ein anderes Gesetz sein in Rom, ein anderes in Athen, nicht ein anderes jetzt, ein anderes in der Zukunft; vielmehr wird alle Völker und zu aller Zeit ein und dasselbe Gesetz immerwährend und unabänderlich in sich schliessen, und einer und derselbe, Gott, wird gleichsam der gemeinsame Herr und Meister aller sein; er hat dieses Gesetz geschaffen, er hat es ausgeprägt, er hat es eingebracht. Wer immer ihm nicht gehorcht, wird sich selbst verleugnen und, indem er derart seine Menschennatur missachtet, eben dadurch die schlimmsten Strafen erleiden, selbst wenn er sonst der Bestrafung – was man dafür hält – entgangen sein sollte."

Sextus Aelius, Konsul im Jahre 198 v. Chr., hatte das altrömische Zwölf-tafelgesetz kommentiert; Pomponius, ein Jurist des 2. Jahrhunderts n. Chr., rühmt sein Buch als die „Wiege" des römischen Rechts.

Der erste Schritt

Zwei schlicht an jedweden „Menschen" adressierte Sätze aus Marc Aurels Notizen „An sich selbst" lenken das Augenmerk von fern am Zukunftshorizont auftauchenden Utopien und Visionen zurück auf die Forderung des Hier und Heute, auf den ersten noch so kleinen Schritt:

„Mensch, was nun? Ungesäumt tu das Werk, das eben jetzt die Natur von dir fordert; ungesäumt packe es an, sobald die Gelegenheit dazu gegeben ist, und schau dich nicht lange um, ob jemals irgend jemand davon wissen wird. Nicht auf Platons utopisches Staatsgebilde richte deine Hoffnungen, sondern lass es dir genug sein, wenn etwas auch nur den geringsten Fortschritt macht, und halte dir vor Augen, dass eben dieser erste Schritt aus dem Stillstand heraus nichts Geringes ist."

Zwischen Reich und Arm: die Mitte

„Vielerlei Vorzüge kommen den Mittleren zu.
Ein Mittlerer will ich in der Stadt sein."

Phokylides

Kein „Mein" und kein „Dein"

Κοινὰ τὰ τῶν φίλων.
„Freundesgut Gemeingut."
Platon

Im 5. Buch seines utopischen „Staates" leitet Platon sein berüchtigtes, schon für die Zeitgenossen anstössiges Postulat nicht nur der Gütergemeinschaft, sondern auch einer Frauen- und Kindergemeinschaft aus dem „höchsten Gut" der „Einheit" des Staates her, einer Einheit, die unter den Bürgern kein „Mein" und „Nicht-Mein", kein „Eigen" und „Fremd" mehr duldet, um mit der vollkommenen Ausschliessung aller gegenläufigen Interessen auch keine widerstreitenden Empfindungen mehr aufkommen zu lassen. Sokrates führt den Dialog; Glaukon erwidert:

„Kennen wir nun irgendein grösseres Übel für den Staat als das, was ihn auseinanderreisst und viele Staaten anstelle des einen aus ihm macht? Oder ein grösseres Gut als das, was ihn zusammenschliesst und ihn zu einer Einheit macht? – Nein, keines. – Ist es nicht so, dass die Gemeinsamkeit von Freude und Schmerz den Staat zusammenschliesst, wenn – soweit möglich – alle Bürger sich über die gleichen Dinge, wenn sie gelingen und wenn sie scheitern, gleicherweise freuen und betrüben? – Ganz und gar. – Die Vereinzelung solcher Empfindungen dagegen löst den Staat auf, wenn die einen tief betrübt, die anderen hoch erfreut sind über die gleichen Geschehnisse, die den Staat und alles Einzelne im Staat betreffen? – Wie denn nicht? – Hat dieses Missverhältnis nun nicht darin seinen Ursprung: dass in einem Staat diese beiden Worte nicht jeweils zugleich ausgesprochen werden: das ‚Mein' und das ‚Nicht-Mein'? Und gilt das für das ‚Fremde' nicht geradeso? – Allerdings. – So hat also der Staat, in dem die meisten Bürger diese Worte auf die gleichen Dinge beziehen und in dem gleichen Sinne aussprechen, das ‚Mein' und das ‚Nicht-Mein', die beste Verfassung? – Weitaus die beste."

Die Lust am Eigentum

„Es ist ja gar nicht zu sagen, wie viel es für die Lebensfreude
ausmacht, etwas als sein Eigentum zu betrachten."
Aristoteles

*„Unser Freund ist Platon, aber mehr noch unser Freund die Wahrheit", soll
Aristoteles einmal bekannt haben, und so unterzieht er die Platonische Uto-
pie eines auf vollkommene Einheit gegründeten Staates und insbesondere
Platons Postulat einer durchgehenden Güter-, Frauen- und Kindergemeinschaft einer scharfsichtigen, stellenweise sarkastischen Kritik. Aristoteles
versteht den Staat als eine von Natur gegebene, aus vielerlei Verschiedenem
zusammengesetzte Vielheit; eine vollkommene Einheit, wie Platon sie als
das „höchste Gut" des Staates bezeichnet hatte, bedeute vielmehr die Aufhebung des Staates, und überdies stehe Platons utopischer Einheitsstaat im
Widerspruch zu aller Lebenserfahrung:*

„Zudem hat jenes Postulat noch eine weitere Schwäche: Denn die
geringste Fürsorge erfährt, was den Meisten gemeinsam gehört.
Denn um das Eigene kümmern sich die Menschen am meisten, um
das Gemeinsame weniger, oder doch nur, soweit es den Einzelnen
betrifft. Denn im Übrigen vernachlässigen sie diese Dinge eher, in
der Annahme, es werde sich schon irgendein anderer darum kümmern – wie ja auch bei den Dienstleistungen im Haushalt eine Viel-
zahl von Dienstboten manchmal weniger leistet als eine geringere
Zahl. Da hat nun jeder Einzelne von diesen Bürgern tausend Söhne,
und diese sind nicht Söhne dieses oder jenes Einzelnen, sondern jeder Beliebige ist gleicherweise der Sohn jedes Beliebigen, und so
werden am Ende alle diese Väter alle diese Söhne gleicherweise –
vernachlässigen."

„Es ist ja ein sympathisches Gesicht, das eine solche Gesetzgebung
zeigt, und sie mag durchaus menschenfreundlich scheinen. Denn

der Hörer im Hörsaal nimmt sie freudig auf, in der Erwartung, es werde daraus eine ganz wunderbare Freundschaft aller mit allen hervorgehen – und dies erst recht, wenn einer die jetzt in allen Verfassungen anzutreffenden Missstände anprangert und sie darauf zurückführt, dass der Besitz in ihnen nicht Gemeineigentum ist – ich meine Rechtsstreitigkeiten wegen Vertragsverletzungen, Verurteilungen wegen falscher Zeugnisse oder Schmeicheleien gegenüber den Vermögenden. Aber für alle diese Missstände liegt die Ursache ja keineswegs im Fehlen des Gemeineigentums, sondern vielmehr in der menschlichen Schlechtigkeit ..."

Lob des Mittelstands

Zwischen den Reichen und den Armen, den vermögenden „Wenigen" und den unvermögenden „Vielen" im Staat, hat Aristoteles als Erster einen dritten Stand der „Mittleren" namhaft gemacht und diesen bis heute allgemein so bezeichneten Mittelstand als den eigentlich staatstragenden Stand gewürdigt:

„In allen Staaten gibt es diese drei Teile der Bürgerschaft: die überaus Reichen, die überaus Armen und als dritte die Mittleren zwischen diesen. Da nun anerkanntermassen das Massvolle und damit das Mittlere das Beste ist, so ist offenkundig auch bei den Glücksgütern der mittlere Besitz der beste von allen. Denn dieser hat es am leichtesten, der Vernunft zu gehorchen; dem übermässig Schönen oder Starken, übermässig Vornehmen oder Reichen dagegen oder deren Gegenstücken, dem übermässig Armen oder Schwachen oder ganz und gar Geringgeschätzten, fällt es schwer, der Vernunft zu folgen. Denn die Ersten werden eher zu Rechtsverächtern und Kriminellen im Grossen, die anderen allzu leicht zu Betrügern und Kriminellen im Kleinen; zu Rechtsverletzungen kommt es im ersten Fall aus Selbstüberschätzung, im zweiten aus niederer Gewinnsucht. Auch drücken sich diese Mittleren am wenigsten vor den politischen Ämtern oder drängen sich zu ihnen; beides ist für den Staat ja gleicherweise unzuträglich.

Dazu kommt: Die im Überfluss von allen Glücksgütern leben, von Stärke, Reichtum, Freunden und anderen solchen Gütern, sind weder willens noch fähig, sich einer Herrschaft zu fügen, und das zeigt sich gleich von Haus aus bei den Kindern: In ihrer Verwöhntheit sind sie ja schon in der Schule nicht gewohnt, sich etwas sagen zu lassen. Die dagegen im Übermass Mangel leiden an alledem, sind allzu unterwürfig. So sind die einen nicht fähig, irgendeine Herrschaft auszuüben, sondern allenfalls, sich einer knechtenden

Herrschaft zu unterwerfen, die anderen nicht fähig, sich irgendeiner Herrschaft zu fügen, sondern allenfalls, eine herrische Herrschaft auszuüben. Daraus kann nur ein Staat von Knechten und Herren werden, nicht einer von freien Bürgern, nur ein Staat, in dem die einen mit Missgunst und Neid, die anderen mit Geringschätzung auf die Gegenseite sehen. Ein solcher Staat aber ist weit entfernt von Freundschaft und so auch von einer Gemeinschaft freier Bürger ... Daraus geht klar hervor, dass die beste Bürgerschaft diejenige ist, die sich über einen breiten Mittelstand erstreckt ..."

Plädoyer für eine Politik der Mitte

In der klassischen griechischen Zeit hiessen die politischen Lager noch nicht Links oder Rechts, sondern Demokratie, „Herrschaft des – unvermögenden – Volkes", und Oligarchie, „Herrschaft der – vermögenden – Wenigen". In seinen „Politischen Schriften" warnt Aristoteles vor einer einseitigen extrem demokratischen oder oligarchischen Politik, die ebendiese Verfassungen schwäche und letztlich auflöse, und fordert stattdessen eine Politik der Mitte, die jeweils zugleich das Interesse der Gegenseite wahrt:

„Bei alledem darf nicht ausser Acht bleiben, was gegenwärtig in allen aus der Bahn geratenen Verfassungen ausser Acht bleibt: die Mitte. Denn vieles von dem, was vermeintlich im Interesse des Volkes liegt, löst die Demokratien auf und vieles von dem, was vermeintlich im Interesse der Wenigen liegt, die Oligarchien. In dem Glauben, dieses sei die einzige politische Tugend, drängen viele zum Extrem. Sie machen sich nicht klar, dass eine Nase, die von dem schönsten geraden Schnitt ein wenig nach der einen oder anderen Seite hin abweicht, immer noch schön und reizvoll anzusehen sein kann. Doch wenn einer das noch weiter bis ins Übermass steigern wollte, wird er zunächst das natürliche Massverhältnis dieses Körperteils preisgeben und es schliesslich dahin bringen, dass dieses überhaupt nicht mehr als eine Nase erscheint, wegen des Zuviel auf der einen und des Zuwenig auf der anderen Seite.

Geradeso ist es auch mit den anderen Körperteilen, und das trifft nun auch auf die Verfassungen zu. Denn sowohl eine Oligarchie als auch eine Demokratie können noch hinreichend gut aufgestellt sein, auch wenn sie von ihrer besten Ordnung ein wenig abgekommen sein sollten. Wenn einer die eine oder die andere aber noch weiter bis ins Extrem steigern wollte, wird er diese Verfassung zunächst schwächer machen und sie schliesslich vollkommen auflösen. Darum dürfen sich der Gesetzgeber und der Politiker nicht im Unklaren darüber sein, welche das Interesse des Volkes verfolgende Politik die Demokratie erhält und welche sie auflöst, und ebenso, welche das Interesse der Wenigen verfolgende Politik die Oligarchie erhält und welche sie auflöst. Denn weder die eine noch die andere dieser Verfassungen kann bestehen und bestehen bleiben ohne die Vermögenden und ohne die grosse Menge. ...

Zu dem Fehler kommt es sowohl in den Demokratien als auch in den Oligarchien. In den Demokratien, wo die grosse Menge über die Gesetze entscheidet, spalten die Führer des Volkes den Staat regelmässig in zwei Lager, indem sie gegen die Vermögenden kämpfen. Es sollte aber im Gegenteil jeweils so scheinen, als sprächen sie im Interesse der Vermögenden, und in den Oligarchien wiederum, als sprächen die Führer der Wenigen im Interesse der grossen Menge."

Im Freiheitsrausch

Im 8. Buch seines „Staates" skizziert Platon Szenarien des Umschlags einer verfehlten Verfassung in eine andere. Wie die Oligarchie, die „Herrschaft der Wenigen", durch ihre unersättliche Besitzsucht zunächst in die Demokratie umschlägt, so verkommt diese „Herrschaft des Volkes" durch ihre unersättliche Freiheitssucht schliesslich zur Tyrannis. Aus der „äussersten Freiheit", sagt Platon da pointiert am Schluss, gehe unausweichlich die „äusserste und übelste Knechtschaft" hervor. Sokrates führt den Dialog; Adeimantos erwidert:

„Das kannst du doch in einem demokratischen Staat allenthalben hören: dass die Freiheit sein herrlichstes Gut sei und dass darum ein zur Freiheit geborener Mensch einzig in ihm menschenwürdig leben könne. – Ja, so sagt man, und das Wort ist viel zu hören. – Aber wird nicht die Unersättlichkeit an ebendieser Freiheit und die Vernachlässigung alles anderen auch diese Verfassung allmählich verändern und sie schliesslich dahin bringen, dass sie nach einer Tyrannis verlangt? – Wie? –

Wenn ein demokratischer Staat in seinem Freiheitsdurst unter die Anführerschaft übler Weinschenken gerät und sich über das Mass hinaus am unvermischten Freiheitstrank berauscht, wird er doch die Regierenden – wenn sie nicht hübsch zahm sind und reichlich Freiheit gewähren – bestrafen und sie anprangern als korrupt und oligarchisch gesinnt. – Ja, das tun sie. – Und diejenigen Bürger, die auf die Regierenden hören, tritt ein solcher Staat mit Füssen als willfährige Lakaien und Nichtsnutze; die Regierenden dagegen, die sich wie Regierte, und die Regierten, die sich wie Regierende aufführen, die lobt und ehrt er im privaten wie im öffentlichen Leben.

Muss in einem solchen Staat die Freiheitssucht nicht unaufhaltsam alles und jedes ergreifen? – Wie denn nicht? – Und muss diese Aufhebung aller Staatsgewalt, wenn sie erst einmal Eingang gefunden hat, nicht auch auf die Hausgemeinschaften und bis zu den Haustieren hinab durchschlagen? – Wie sollen wir das beschreiben? – Etwa so: dass der Vater sich daran gewöhnt, sich seinen Kindern gleichzustellen und sich vor seinen Söhnen zu fürchten, der Sohn wiederum, sich seinem Vater gleichzustellen und weder Scheu noch Furcht vor seinen Eltern zu empfinden, um nur ja recht frei zu sein. – Ja, so geht es. – Der Lehrer fürchtet sich unter solchen Verhältnissen vor seinen Schülern und biedert sich ihnen an, und die Schüler haben keinen Respekt vor ihren Lehrern und so auch nicht vor ihren Erziehern. Und überhaupt stellen sich überall die Jüngeren mit den Älteren auf eine Stufe und fordern sie zum Kräftemessen heraus, sowohl verbal als auch brachial; die Alten dagegen setzen sich in einen Kreis mit den Jungen, strömen über von Verständnisbereitschaft und Liebenswürdigkeiten und passen sich den Jungen in allem an, um nur ja nicht unangenehm zu wirken oder gar autoritär. – Genau so ist es. –

Und welche Gleichberechtigung und Freizügigkeit der Frauen gegenüber den Männern und der Männer gegenüber den Frauen herrscht, das hätte ich fast vergessen zu erwähnen. – Werden wir nicht, mit Aischylos, ‚sagen, was uns jetzt auf die Zunge kommt‘? – O ja, und ich will das so sagen. Und nun erst die Haustiere: wie viel freier die in einem solchen Staat als in jedem anderen leben, das würde keiner glauben, der es nicht erlebt hat. Denn die Hündinnen führen sich doch, nach dem Sprichwort, wie die Herrinnen auf, und die Pferde und Esel, gewohnt ganz frei und stolz einherzuspazieren, rempeln auf der Strasse jeden an, der ihnen in die Quere kommt, wenn er ihnen nicht Platz macht; und so strotzt in diesem Staat alles nur so von Freiheit. – Du erzählst mir meinen Traum; so geht es mir ja oft, wenn ich aufs Feld gehe. –

Und schliesslich der Hauptpunkt, auf den all das zusammen hinausläuft: Bemerkst du, wie diese im Übermass genossene Freiheit die Bürger empfindlich macht, dermassen, dass sie sich, wenn einer ihnen auch nur die geringste Dienstleistung abfordert, darüber schon empören und das nicht ertragen können? Und am Ende, das weisst du ja, kümmern sie sich auch nicht mehr um die Gesetze, weder um die geschriebenen noch um die ungeschriebenen, um nur ja nicht irgendwo noch irgendeinen Herrn zu haben. – Ja, das weiss ich sehr gut! – Das ist er nun also, mein Freund: der so schöne und jugendfrohe Ursprung, aus dem die Tyrannis erwächst."

Verschwörung gegen den Bauch

Bald nach dem Sturz des Königtums kam es in der jungen römischen Republik zu einer ersten Staatskrise: Die verschuldeten Plebejer zogen aus der Stadt aus und liessen die vermögenden Patrizier auf ihrem entvölkerten Staat sitzen. Damals soll Menenius Agrippa sie mit einer politischen – wohl ursprünglich griechischen – Parabel vom „Bauch" und den übrigen Körperteilen zur Rückkehr bewogen haben. So wie Livius die Parabel erzählt, folgt sie der Ernährungsphysiologie des Aristoteles: Danach wird die aufgenommene Nahrung in Magen und Darm zu Blut verdaut, „verkocht", und derart geläutert durch die Blutgefässe – den Blutkreislauf kannte man noch nicht – allen Körperteilen zugeführt:

„Zu der Zeit, zu der im Menschen noch nicht wie jetzt alle Glieder eines Sinnes waren, sondern jedes seinen eigenen Willen, seine eigene Stimme besass, hätten die übrigen Körperteile sich empört: Durch ihre Sorge, ihre Mühe und ihren Dienst werde dem Bauch alles erworben; der Bauch leiste sich in ihrer Mitte ein bequemes ruhiges Leben und tue nichts als die ihm zugebrachten Leckerbissen zu geniessen. Darauf hätten sie sich verschworen: Die Hände sollten keine Nahrung mehr zum Munde befördern, der Mund die ihm gereichte nicht mehr annehmen, die Zähne, was sie empfängen, nicht mehr zerkleinern. In diesem Zorn, während sie den Bauch durch Aushungern bezähmen wollten, seien zugleich mit ihm die Glieder selbst und der ganze Körper der äussersten Auszehrung verfallen. Daraus sei klar geworden, dass auch der Bauch einen nicht müssigen Dienst leiste: dass er nicht in höherem Masse von den übrigen Organen ernährt werde als er selbst die übrigen ernähre. Er gebe ja allen Körperteilen die Nahrung zurück, aus der wir unser Leben bestreiten und unsere Lebenskraft ziehen, nämlich das auf alle Adern gleichmässig verteilte, in der Verdauung der Nahrung gereifte Blut."

Global Village

„Auf die Frage, woher er sei, erwiderte Diogenes:
,Kosmopolítes – Weltbürger!'"

Diogenes Laërtios

Plutopolitismus

Die Anekdotentradition hat den vaterlandslosen Rucksack-Philosophen Diogenes mit dem Schlagwort „Kosmopolítes – Weltbürger!" zum frühen Verkünder eines weit über die Mittelmeerwelt hinausschauenden, weit über die Antike hinausweisenden Kosmopolitismus gemacht. Eine entsprechende, eher wahr anmutende Anekdote bezeugt daneben das Aufkommen einer anderen, nicht minder zukunftsträchtigen Spielart dieser schönen neuen Weltoffenheit, sozusagen eines „Plutopolitismus", in dem die goldene Kreditkarte zum weltweit gültigen Reisepass wird:

„Chrysipp erzählt, ein megareicher junger Mann aus Ionien habe sich in Athen aufgehalten und sei dort in einem Purpurgewand mit goldenem Saum aufgetreten. Als einer ihn fragte, woher er sei, habe er erwidert, er habe Vermögen."

Ubi bene, ibi patria

> „Vaterland ist jedes, wo immer es einem gut geht."
>
> *Aristophanes*

Ein Grieche der klassischen Zeit nannte sich mit Namen, Vatersnamen und Bürgerort: „Sokrates, Sohn des Sophroniskos, von Athen". Mit der Unterwerfung Griechenlands unter die Makedonen 338 v. Chr. verlor die Polis, der Stadtstaat samt Umschwung, ihre Bedeutung, und der Alexanderzug öffnete geographische und politische Horizonte weit über die griechische Welt hinaus. Bereits am Ende des 5. Jahrhunderts v. Chr. hatte der attische Redner Lysias leidenschaftlich die Auflösung der althergebrachten Polisgemeinschaft und das Aufkommen einer mobilen neuen Besitzbürgerschaft beklagt; neben der angestammten, lediglich zugefallenen Geburts-Bürgerschaft kommt hier zugleich eine mit Entschiedenheit ergriffene Willens-Bürgerschaft in den Blick:

„Ich jedenfalls spreche einzig den Bürgern das Recht zu, über unsere Staatsgeschäfte zu Rate zu sitzen, die nicht nur von Geburt her Bürger der Stadt sind, sondern dies auch entschieden sein wollen. Denn für diese Bürger macht es einen grossen Unterschied, ob es unserer Stadt gut geht oder weniger erfreulich; ihnen scheint es ja unausweichlich, ihren Teil an den Lasten mitzutragen, wie sie ja auch alles Gute mitgeniessen. Jene anderen dagegen, die zwar als Bürger der Stadt geboren sind, im Übrigen aber der Ansicht anhängen, dass jeder Fleck auf der Erde ihnen Vaterland ist, wo immer sie ihr Auskommen finden – die werden sich leichthin über das Wohl der Stadt hinwegsetzen und ihren persönlichen Vorteil verfolgen, da sie ja nicht die Stadt, sondern ihren Besitz als ihr Vaterland ansehen."

Das Eigene und das Fremde

Homo sum, humani nil a me alienum puto.

In der Eingangsszene des ursprünglich Menandrischen, dann Terenzischen „Sich-selbst-Strafenden" plackt sich der neu zugezogene, offenkundig vermögende Menedemus mit saurer Gartenarbeit ab. Sein Nachbar Chremes hat das eine Zeitlang besorgt mitangesehen; schliesslich spricht er den Mann über den Zaun hinweg an: Warum er sich denn Tag für Tag so abmühe? Er habe das doch gewiss nicht nötig … Menedemus erwidert, verletzt und verletzend, mit einem scharfen Ausfall; doch Chremes pariert den Hieb, und seine entwaffnende Antwort ist bereits in der Antike zum Geflügelten Wort geworden:

Menedemus: „Chremes, lassen dir deine eigenen Angelegenheiten so viel Zeit übrig, dass du dich um fremde Dinge kümmern kannst – Dinge, die dich doch gar nichts angehen?"
Chremes: „Ich bin ein Mensch: Nichts Menschliches nenne ich mir fremd."

Das „Eigene" und das „Fremde" sind da am Gartenzaun zu Hieb- und Stichwörtern geworden: Der eine zieht die Grenze zwischen Mein und Dein fein säuberlich dem Hag entlang; der andere zählt unter Menschen alles „Menschliche" – alles, was Menschen betrifft – zum „Eigenen". Noch ein halbes Jahrtausend später bezeugt Augustin, „ganze Theater voll dummer, ungebildeter Leute" – er meint: ganz gewöhnlicher Leute – hätten diesem Vers auf offener Szene Beifall geklatscht; so „natürlich" sei es, dass „kein Mensch sich nicht als den Nächsten jedes beliebigen anderen Menschen verstehe".

Die Gemeinschaft: ein Gewölbe

Ausgehend von der griechischen, stoischen Idee einer weltweiten Menschheitsgemeinschaft erhebt Seneca den damals bereits „geflügelten" Komödienvers „Homo sum, humani nil a me alienum puto", „Ich bin ein Mensch; nichts Menschliches nenne ich mir fremd" (vgl. S. 70), zum Leitspruch einer alle Grenzen überschreitenden mitmenschlichen Solidarität; sein Aufruf gipfelt in dem einprägsamen Bild eines römischen Rundbogens, in dem ein Block den anderen stützt und das ganze Gewölbe umso fester zusammenhält, je stärker die einzelnen Blöcke zum Sturze neigen:

„Nun die zweite Frage: wie wir mit unseren Mitmenschen umgehen sollen. Welche Ziele setzen wir uns? Welche Gebote stellen wir auf? Etwa, dass wir keines Menschen Blut vergiessen? Wie jämmerlich wenig ist es, den nicht zu verletzen, dem wir doch beistehen sollten! Ein grosser Ruhmestitel ist das, wahrhaftig, wenn der Mensch dem Menschen kein reissendes Tier ist! Werden wir fordern, dass er dem Schiffbrüchigen die Hand entgegenstreckt, dem Irregehenden den Weg zeigt, mit dem Hungernden sein Brot teilt? Wozu soll ich all das, was da zu leisten und zu meiden sei, einzeln nennen, da ich ihm doch kurz diese Maxime der Menschenpflicht an die Hand geben kann: All das, was du um dich her siehst, worin Göttliches und Menschliches einbeschlossen sind, ist eines: Wir sind Glieder eines grossen Körpers.

Die Natur hat uns als Verwandte hervorgebracht, da sie uns aus demselben Ursprung und zu demselben Leben geboren hat. Sie hat uns wechselseitige Liebe zueinander eingegeben und uns zur Gemeinschaft miteinander fähig gemacht. Sie hat, was Recht und rechtens ist, begründet: Ihrer Satzung gemäss ist es erbärmlicher, einem anderen einen Schaden zuzufügen, als selbst eine Verletzung zu erleiden; ihrem Gebot gemäss seien unsere Hände bereit für die Hilfebedürftigen. Jener Vers sei uns so im Herzen wie auf den Lippen:

‚Ich bin ein Mensch; nichts Menschliches nenne ich mir fremd.' …
Unsere Gemeinschaft gleicht vollkommen einem aus Steinen gefüg-
ten Gewölbe, das augenblicklich einstürzen müsste, wenn sich die
einzelnen Blöcke nicht wechselseitig daran hinderten, und das eben
darin seinen Zusammenhalt findet."

Sklaven, Freie, Mitsklaven

Mit seinem Protest gegen die menschenunwürdige Behandlung der Sklaven und seinem Appell, auch im Sklaven den Mitmenschen zu sehen, war Seneca seiner Zeit um Jahrhunderte voraus. „Es sind Sklaven ...": Ein ums andere Mal lässt Seneca rhetorisch raffiniert einen fiktiven Widerpart obstinat auf seinem verachtenden Verdikt beharren, um seinen Widerspruch von Mal zu Mal zu steigern:

„Gern habe ich von denen, die von dir kommen, gehört, dass du mitmenschlich mit deinen Sklaven umgehst. Das entspricht deiner Klugheit, das entspricht deiner Bildung. ‚Es sind Sklaven.' Aber doch Menschen. ‚Es sind Sklaven.' Aber doch Hausgenossen. ‚Es sind Sklaven.' Aber doch treu ergebene Freunde. ‚Es sind Sklaven.' Aber doch Mitsklaven, wenn du bedenkst, dass die Glücksgöttin gleich viel über beide, Freie und Sklaven, vermag. ...

Willst du doch einmal bedenken, dass der, den du deinen Sklaven nennst, aus dem gleichen Samen erzeugt, von dem gleichen Himmel ernährt ist, dass er gleicherweise atmet, gleicherweise lebt, gleicherweise stirbt! Geradeso kannst du in ihm einen Freigeborenen sehen wie er in dir einen Sklaven. In der Varusschlacht hat die Glücksgöttin viele, die im glanzvollen Ritterstand geboren waren und über den Militärdienst in den Senatorenrang aufzusteigen hofften, hinabgestossen: Den einen von ihnen hat sie zum Viehhirten, den anderen zum Türhüter gemacht. Verachte nun noch einen Menschen ebendes Glücksstandes, in den du jederzeit, während du ihn verachtest, übergehen kannst!"

In der „Varusschlacht" 9 n. Chr., ein halbes Jahrhundert zuvor, hatte der Cheruskerfürst Arminius drei römische Legionen vernichtet; ihr Feldherr Publius Quinctilius Varus hatte sich nach einer Verwundung auf dem Schlachtfeld den Tod gegeben.

Ein Menschheitsverrat

*Im 3. Buch seines Dialogs „Über das höchste Gut und das grösste Übel"
legt Cicero dem jüngeren Cato ein weit ausgreifendes Collegium Stoicum in
den Mund. Die Darlegung gipfelt in der Idee einer globalen Menschheitsgemeinschaft, in der kein Mensch dem anderen als „fremd" gelten darf.
Jenseits des seit alters geächteten Landesverrats kommt hier erstmals ein
wenigstens ebenso streng zu ächtender Menschheitsverrat in den Blick:*

„Daraus geht hervor, dass es geradezu eine allgemeine natürliche
Empfehlung von Menschen unter Menschen gibt, ja dass ein Mensch
einem Menschen aus eben dem Grunde, dass er ein Mensch ist, nicht
als ein Fremder gelten darf. … Die Welt werde, so lehren es die Stoiker, gelenkt vom Willen der Götter; sie sei gleichsam die gemeinsame Vaterstadt und Bürgerschaft der Menschen und der Götter,
und jeder Einzelne von uns sei ein Teil dieser Welt. Daraus ergebe
sich von Natur die Verpflichtung, dass wir das gemeinsame Interesse aller Menschen unserem eigenen voranstellen sollen. Denn wie
die Gesetze das Wohl aller Bürger dem Wohl dieses oder jenes Einzelnen voranstellen, so wird ein anständiger, einsichtiger Mann, der
den Gesetzen Gehorsam leistet und seine Bürgerpflicht nicht ausser
Acht lässt, mehr für das Interesse aller als für das irgendeines Einzelnen oder sein eigenes Sorge tragen. Und nicht schärfer ist zu
tadeln, wer sein Vaterland verrät, als wer das gemeinsame Interesse
oder Wohl aller Menschen preisgibt zugunsten seines eigenen Inter-
esses oder Wohles."

„Nach uns der Weltbrand"

Im Anschluss an das vorige Zitat, in dem der jüngere Cato neben dem Kapitalverbrechen des Landesverrats neu das nicht minder schwere eines Menschheitsverrats an den Pranger stellt, erstreckt der römische Stoiker die weltweite Verantwortlichkeit aller Menschen füreinander über den Kreis der Mitlebenden hinaus – frappierend aktuell – auch auf alle zukünftig lebenden Generationen:

„… Und da ja der berüchtigte Spruch derer als unmenschlich und geradezu verbrecherisch gilt, die sagen, sie hätten nichts dagegen, dass nach ihrem Tode über alle Länder der Weltbrand hereinbreche – was man dann gern mit dem geläufigen griechischen Vers verkündet –, so trifft gewiss auch die umgekehrte Verpflichtung zu: dass wir auch für die Generationen, die in Zukunft einmal leben werden, um ihrer selbst willen Vorsorge treffen müssen."

Der „griechische Vers", auf den Cato hier anspielt, ist anderswo mehrfach überliefert, als ein Geflügeltes Wort durchweg ohne Nennung eines Autors oder eines Sprechers. Er lautete, samt einem folgenden Vers: „Wenn ich gestorben bin, mag die Erde in Feuer aufgehen; das kümmert mich nicht; das Meine ist ja gut bestellt." Sueton berichtet, Nero habe dazu bemerkt: „Meinetwegen auch schon, solange ich noch lebe."

Pax Romana, Pax Augusta

Tu regere imperio populos, Romane, memento
– hae tibi erunt artes – pacique imponere morem,
parcere subiectis et debellare superbos.

Am Ende des Unterweltsbuchs der „Aeneis", genau in der Mitte des Epos,
lässt Vergil den toten Anchises, den Vater des Aeneas, die Kulturleistung
Roms gegen die der Griechen abheben. Anchises erkennt den Griechen dort
uneingeschränkt den Vorrang in den Bildenden Künsten, der Redekunst
und den Wissenschaften zu, um darauf den Römern die Herrschaft über
eine vollends unterworfene, geeinte und damit befriedete Welt zuzuspre-
chen:

„Du gedenke, Römer, mit deiner Herrschaft die Völker zu lenken –
das werden deine Künste sein – und dem Frieden eine Ordnung
  aufzuprägen,
die Unterworfenen zu schonen und die Überheblichen nieder-
  zuwerfen."

Die drei Verse sind zum Leitwort der Augusteischen auf versöhnende Milde
und kriegerische Härte gegründeten Romidee geworden. Der Gegensatz
von Milde und Härte korrespondiert mit den beiden mythischen Stamm-
göttern Roms, der Liebesgöttin Venus, der Mutter des Aeneas, und dem
Kriegsgott Mars, dem Vater der Romulus, und zugleich mit der rückläufi-
gen Lesung des Namens Roma als „Amor" und dem griechischen Verständ-
nis des Namens Rhóme als „Stärke".

Schwerter zu Pflugscharen

Der 30. Januar, der Tag der Weihung der Ara Pacis, des „Altars des Friedens", im Jahre 9 v. Chr., wurde in Rom fortan als der Tag des „Augusteischen Friedens" gefeiert. Zu diesem neuen Fest und dem seit alters gefeierten Saatfest kurz davor begrüsst Ovid in seinem poetischen Festkalender die Einkehr eines weltweiten, dauernden Friedens und die Wiederkehr des bäuerlichen Tagwerks von Aussaat und Ernte. Die Dankesbezeugung gilt dem jungen Germanicus, dem (Adoptiv-) Enkel des Augustus, und mit ihm dem Kaiserhaus:

„Krieg war lange das Tagwerk der Männer, das Schwert lag uns
    näher
    als die Pflugschar; der Stier räumte dem Streitross das Feld.
Müssig lagen die Kellen; zu Wurfspiessen wurden die Rechen,
    und aus der Hacke Gewicht wurde gefertigt ein Helm.
Dank sei den Göttern und Dank deinem Haus! In Ketten gefesselt
    liegt euch unter dem Fuss längst schon bezwungen der Krieg.
Komme der Stier denn unter das Joch, die Saat auf das Brachfeld:
    Frieden trägt üppige Frucht, Frucht ist des Friedens Geschöpf!
…
Stolz mit dem Lorbeer des Sieges bekränzt die geflochtenen Haare,
    Friedensgöttin, erschein, wohlgesinnt bleib aller Welt!
Fehlen die Feinde, so fehle nur auch der Grund zu Triumphen:
    Du bist den Führern ein Ruhm, herrlicher noch als der Krieg.
Waffen trage der Krieger allein noch zur Wehr gegen Waffen;
    einzig im festlichen Zug sei's, dass die Tuba erschallt!
Zittre vor uns Aeneaden die Welt, die nächste und fernste:
    Doch wo geschwunden die Furcht, liebe ein Land dieses Rom!"

Das letzte Distichon „Horreat Aeneadas et primus et ultimus orbis; / si qua parum Romam terra timebat, amet!" spielt deutlich auf die Vergilische Formel „parcere subiectis et debellare superbos" an (vgl. S. 76).

Im Zeichen von Venus und Mars

*Unbeirrt von der Brandschatzung Roms durch Alarich im Jahre 410 n. Chr.
hat Namatian der Augusteischen Romidee in einer Hymne an die Stadtgöttin
eine brillante Ausprägung gegeben. Darin spielt er raffiniert mit dem
Anklang zwischen der Urbs aeterna, der „Ewigen Stadt", und dem Orbis
terrarum, dem „Kreis der Länder", und mit dem Bezug der beiden Stamm-
götter Roms Venus und Mars auf die Herrschaftsprinzipien versöhnender
Milde und kriegerischer Härte. Das letzte Verspaar zitiert die Vergilische
Formel „die Unterworfenen zu schonen und die Überheblichen niederzu-
werfen" (vgl. S. 76), und noch das letzte Wort dieser geschliffenen Versfolge
erinnert an die Rückwärtslesung des Namens Roma als „amor":*

„Vaterland hast du vielerlei Völkern ein einz'ges geschaffen;
    noch der Empörer gewann, der deiner Obmacht erlag.
Während du die Besiegten ins eigene Bürgerrecht aufnimmst,
    hast du geschaffen zur Stadt, was einst gewesen die Welt.
Venus und Mars nennen stolz wir die Urheber unseres Stammes:
    sie des Aeneas Schoss, Same des Romulus er.
Rasch lässt die Milde des Siegers die Härte des Krieges vergessen;
    Kriegsgott, Göttin der Liebe: beide sind sie dir gemäss.
Daher hast du, zu kämpfen so froh wie zu schonen, seit jeher,
    die du gefürchtet, besiegt, die du besiegt hast, geliebt."

*Im Fortgang dieser weit ausgreifenden, beziehungsreichen Hymne auf die
Stadtgöttin Roma aus dem Jahre 417 n. Chr. ist der schwer gedemütigten
Ewigen Stadt über ein rundes Jahrtausend hinweg buchstäblich ihre „Re-
naissance" verheissen:*

Illud te reparat, quod cetera regna resolvit;
    Ordo renascendi est crescere posse malis.
„Ebendas richtet dich auf, was andere Reiche zu Fall bringt;
    das ist dir Wiedergeburt: wachsen zu können im Sturz."

Doppelbürgerschaft

Im späteren 4. Jahrhundert v. Chr. hatte der Alexanderzug eine erste „Globalisierung" der griechischen Welt bedeutet, im späteren 1. Jahrhundert v. Chr. hatte der Augusteische Frieden eine zweite „Globalisierung" des römischen „Erdkreises", des Orbis terrarum, verheissen. In der Folge hat Kaiser Marc Aurel den Zwiespalt zwischen seiner römischen Staatsbürgerschaft, in die er hineingeboren war, und der griechischen Weltbürgerschaft, in die er hineinerzogen war, im Sinne der weltoffenen stoischen Philosophie für sich selbst so gelöst:

„Staatsgemeinschaft – *pólis* – und Vaterland – *patrís* – ist für mich als Marcus Aurelius Antoninus die Stadt Rom, für mich als Menschen die Welt – der *kósmos*. Was nun diesen beiden Staatsgemeinschaften zugleich förderlich ist, das allein gilt mir als gut."

Freund und Feind

„Wie liebenswert ist der Mensch, wenn er ein Mensch ist.“

Menander

Die Feinde zu Freunden machen

Ein Weisheitswort sucht seinen Autor: Ein später Gewährsmann führt es unter den Lebensregeln des Kleobulos von Lindos aus dem Kollegium der Sieben Weisen auf; Plutarch erklärt in seinen „Aussprüchen von Spartanern", es werde „übereinstimmend von allen" als ein Ausspruch des Sokrates zitiert, aber auch dem alten König Ariston aus dem 6. Jahrhundert v. Chr. zugeschrieben:

„Auf die Frage, was ein guter König sich zum Ziel setzen solle, hatte Kleomenes geantwortet: ‚Seinen Freunden Gutes zu erweisen und seinen Feinden Übles zuzufügen.' Als einer diese Maxime des Kleomenes rühmte, erwiderte Ariston: ‚Wie viel besser, mein Bester, ist es doch, seinen Freunden Gutes zu erweisen und seine Feinde zu Freunden zu machen!'"

Ein „zweites Ich"

Das griechische Sprichwort vom Freund als einem „zweiten Ich" steht als ein ungeschriebenes Motto über dem Schlusskapitel der beiden Bücher, die Aristoteles in seiner „Nikomachischen Ethik" der Freundschaft gewidmet hat. Da werden die Freunde einander im glücklichen Fall zu einem Seelenspiegel, in dem die Lebensfreude der Gleichgesinnten sich hinüber und herüber spiegelt und einzelne Wesenszüge sich vom einen auf den anderen abprägen:

„Was für die einzelnen Menschen das Dasein bedeutet oder um wessentwillen sie das Leben wertschätzen, damit wollen sie im Verein mit ihren Freunden ihre Zeit verbringen. So kommt es, dass die einen miteinander trinken, die anderen miteinander würfeln, wieder andere miteinander Sport treiben und miteinander auf die Jagd gehen oder auch miteinander philosophieren: Jeweils mit dem Tun und Treiben verbringen die Einzelnen miteinander ihre Tage, das ihnen von allem im Leben das liebste ist. Denn da sie ja im Verein mit ihren Freunden zusammen leben wollen, unternehmen sie all das und suchen sie die Gemeinschaft jeweils in dem Tun und Treiben, in dem sie dieses Zusammenleben zu finden meinen.

Nun ist die Freundschaft unter wenig wertvollen Menschen zwar eine üble Sache – denn diese suchen die Gemeinschaft unter ihresgleichen im Niedrigen, da sie keinen inneren Halt haben, und werden dabei erst recht zu üblen Brüdern, indem sie sich aneinander angleichen –, die Freundschaft unter wertvollen Menschen dagegen eine entsprechend wertvolle, und sie wächst noch mit dem täglichen Zusammenleben. Und offenbar gewinnen solche Freunde ja noch an Wert, wenn sie ein tätiges Leben führen und einander dabei zum Vorbild nehmen; sie nehmen sozusagen einen Abdruck voneinander ab und prägen sich die Züge auf, die sie am anderen schätzen – daher ja das Dichterwort: ‚Tüchtiges lernst du von Tüchtigen.'"

Freundschaft und Nutzen

Was darf, was soll der handgreifliche wechselseitige Nutzen in einem Freundschaftsverhältnis bedeuten? Zwei feine Aphorismen, buchstäblich „Abgrenzungen", einer Epikureischen Spruchsammlung beleuchten ein heikles Verhältnis:

„Weder derjenige, der in der Freundschaft immer nur den Nutzen sucht, ist ein rechter Freund, noch derjenige, der Freundschaft und Nutzen niemals miteinander verknüpfen will. Denn der eine verkauft seine freundschaftliche Zuwendung gegen ein entsprechendes Entgelt, und der andere verkürzt die Freundschaft um die Zuversicht auf hilfreichen Beistand in späterer Zeit."

„Wir sind nicht so sehr angewiesen auf die Hilfeleistung unserer Freunde selbst als vielmehr auf das Vertrauen auf diese Hilfeleistung."

Anleitung zur Frohgestimmtheit

In seinen Worten „An sich selbst" gibt Marc Aurel eine einfache, überall und jederzeit leicht zu befolgende Anleitung, missliche Stimmungen zu vertreiben:

„Wenn du dich froh stimmen willst, vergegenwärtige dir die hervorragenden Wesenszüge der Menschen in deinem nächsten Lebenskreis: wie zum Beispiel bei dem einen die entschlossene Tatkraft, bei dem anderen die scheue Zurückhaltung, bei einem Dritten die Grosszügigkeit im Teilen, und so bei einem anderen wieder etwas anderes. Denn nichts stimmt uns so froh wie die Ausprägungen dieser Tugenden, wie sie sich im Reden und Handeln der mit uns Zusammenlebenden anschaulich vor Augen stellen, und dies erst recht, wenn sie dabei gehäuft zusammentreffen. Darum muss man sich diese Vorstellungen auch immer abrufbereit in Erinnerung halten."

Die Regel des Bias

Die griechischen Verben, die in den „Philanthropen" und den „Misanthropen" eingegangen sind, haben ein breites Bedeutungsspektrum vom „Lieben" und „Hassen" bis zu einem lockeren „Annehmen" und „Ablehnen". Entsprechend weit gespreizt ist das Spektrum einer Lebensregel vom „Lieben" und „Hassen", die wir zuerst in der Aristotelischen „Rhetorik" und dort sogleich als die „Regel des Bias", eines der Sieben Weisen, angesprochen finden:

„Im Alter sind die Menschen argwöhnisch aus Misstrauen, misstrauisch aus Erfahrung; und daher ‚lieben' sie nicht mehr heftig und ‚hassen' sie nicht mehr heftig, sondern lieben sie nach der Regel des Bias immer nur in dem Bewusstsein, dass sie vielleicht einmal hassen werden, hassen sie immer nur in dem Bewusstsein, dass sie vielleicht einmal lieben werden."

In Ciceros Dialog „Laelius oder: Über die Freundschaft" zitiert Laelius den jüngeren Scipio, der jene Regel oft zurückgewiesen habe:

„Kein der Freundschaft feindlicheres Wort habe je ersonnen werden können als die Regel dessen, der erklärt habe, man solle immer nur in dem Bewusstsein lieben, dass man vielleicht einmal hassen werde. Und er lasse sich auch nie und nimmer dazu bringen zu glauben, dass dieses Wort, wie man meine, von Bias gesagt sei, der doch als einer der Sieben Weisen angesehen werde … Wie könne denn einer einem anderen als ein Freund begegnen, von dem er sich vorstelle, dass er ihm einmal auch als Feind begegnen könne?"

Menschen noch jenseits der Wölfe

Homo homini lupus.
„Der Mensch ist dem Menschen ein Wolf."
Plautus

Mehr oder weniger verdeckt deuten Senecas Altersbriefe immer wieder auf die Unfreiheit der Neronischen Zeit. In einem der letzten spricht Seneca ganz offen von der Wolfsnatur im Menschen – und bannt diesen Blick in die Abgründe des Unmenschlichen im Menschen in eine streng gegliederte Form:

„Wozu nimmst du dich in Acht vor Gefahren, die dir vielleicht begegnen können, aber vielleicht auch nicht begegnen? Eine Feuersbrunst meine ich, einen Hauseinsturz, andere Unglücksfälle, die uns zustossen, nicht uns auflauern. Auf solche Gefahren vielmehr habe Acht, solchen geh aus dem Weg, die uns beobachten, die uns herausgreifen. Eher selten sind Unglücksfälle, so schwer sie auch sind – einen Schiffbruch erleiden, mit dem Wagen umstürzen: – Vom Menschen droht dem Menschen eine alltägliche Gefahr.

Dagegen mache dich zum Kampf bereit; darauf richte dein gespanntes Augenmerk. Kein Übel ist verbreiteter, keines hartnäckiger, keines trügerischer. Und ein Seesturm droht erst noch, bevor er losbricht; Gebäude knistern und knacken erst noch, bevor sie einstürzen; der Rauch kündigt eine Feuersbrunst im Voraus an: – Heimtückisch ist vom Menschen das Verderben, und umso sorgfältiger tarnt es sich, je näher es herankommt.

Du irrst, wenn du den Mienen derer traust, die dir gegenübertreten: Von Menschen haben sie die Truggestalt, die Wesensart von Raubtieren, mit dem einzigen Unterschied, dass bei diesen das Verderben nur beim ersten Angriff droht: Die sie dabei unbehelligt lassen, denen spüren sie nicht nach. Einzig die Not ist es ja, die diese Tiere zum Reissen und Töten treibt; durch den Hunger oder durch die Furcht sehen sie sich zum Kampf gezwungen: – Einen Menschen befriedigt es, einen Menschen zu verderben."

Wenig später, nach der Aufdeckung der Pisonischen Verschwörung gegen Nero im Frühjahr 65 n. Chr. und der Hinrichtung zahlreicher Verschwörer, ist Seneca zum Suizid genötigt worden.

Bücherverbrennungen

„Jetzt endlich kehrt der Lebensmut zurück ...": Im Jahre des Regierungsantritts Trajans 98 n. Chr. blickt Tacitus mit Schaudern auf die Unfreiheit der Neronischen und Domitianischen Zeit zurück, in der die Häupter des stoischen Widerstandes Paetus Thrasea und Helvidius Priscus verfolgt und die sie rühmenden Biographien öffentlich verbrannt wurden:

„Wir lesen: Als Arulenus Rusticus einen Paetus Thrasea, Herennius Senecio einen Helvidius Priscus rühmten, sei dies ein Kapitalverbrechen gewesen, und nicht nur gegen die Autoren selbst, sondern auch gegen ihre Bücher habe man gewütet: Den Triumvirn sei die Aufgabe übertragen worden, die literarischen Denkmäler dieser hervorragenden Geister auf dem Comitium und dem Forum zu verbrennen. Offenbar meinte man, mit diesem Feuer die Stimme des römischen Volkes, die Freiheit des Senats und überhaupt das Gewissen des Menschengeschlechts zu ersticken. Vertrieben waren überdies die Philosophen, die Lehrer der Weisheit, und jedwede schöne Kunst und Wissenschaft in die Verbannung geschickt, dass nur ja nicht irgendwo noch etwas Ehrenwertes in der Stadt begegne. In der Tat: Wir haben ein grosses Lehrstück der Duldsamkeit gegeben, und wie die alte Zeit gesehen hat, was das Äusserste in der Freiheit ist, so wir, was das Äusserste in der Versklavung ist; genommen war uns durch die vielfältige Bespitzelung ja auch der freie Austausch im Sprechen und Hören. Ja, auch das Gedächtnis selbst hätten wir zusammen mit der Stimme noch verloren, wenn es geradeso in unserer Gewalt stände zu vergessen wie zu schweigen. Jetzt endlich kehrt der Lebensmut zurück ..."

„Wer die Fehler nicht will ..."

Qui vitia odit, homines odit.

Thrasea Paetus, ein Haupt der stoisch geprägten Opposition gegen Nero, ist mit seiner unbestechlichen, unbeirrbaren politischen Haltung und zugleich mit einem sehr versöhnlichen persönlichen Wort in die Geschichte eingegangen. Tacitus hat der Unabhängigkeit und dem Freimut des Politikers in seinen „Annalen" ein Denkmal gesetzt. Um die gleiche Zeit hat der jüngere Plinius eine Maxime dieses Thrasea Paetus zum Schlusswort eines kleinen Plädoyers für mitmenschliche Toleranz im privaten und im öffentlichen Leben gemacht:

„Prägen wir unserem Gedächtnis das Wort ein, das jener so überaus milde und auch darum so grosse Mann, Thrasea, oft zu sagen pflegte: ‚Wer die Fehler nicht will, will die Menschen nicht.'"

Nach der Aufdeckung der Pisonischen Verschwörung wurde Thrasea Paetus 66 n. Chr. des Hochverrats angeklagt und zum Tode nach freier Wahl verurteilt. Tacitus schildert sein Ende: Als er sich die Pulsadern öffnen liess und mit seinem Blut den Boden besprengte, rief er den Überbringer des Todesurteils, einen jungen Quästor, näher heran und sagte: „Wir opfern Jupiter dem Befreier. Sieh her, junger Mann ... Du bist in Zeiten hineingeboren, in denen es dienlich sein kann, den Mut zu festigen an aufrechten Beispielen."

„Wie er das Blut da unten sah ..."

Bis weit in die christliche Zeit hinein ist Kritik an den blutigen Gladiatoren-
kämpfen in den römischen Amphitheatern nur vereinzelt laut geworden.
Um 400 n. Chr., kurz vor dem Ende dieser Spiele, schildert der Kirchenva-
ter Augustin mit unverkennbarem Schauder, wie sein Schüler Alypius in
Rom „von dem unglaublichen Rachen des Gladiatorenschauspiels und auf
unglaubliche Weise verschlungen wurde":

„Obwohl Alypius derlei blutige Schaukämpfe verurteilte und verab-
scheute, schleppten ihn einige seiner Freunde und Mitschüler, denen er auf dem Rückweg vom Mittagstisch über den Weg lief, gegen
seinen heftigen Widerspruch und Widerstand mit freundschaft-
licher Gewalt ins Amphitheater. Es waren Spieltage grausamer und
tödlicher Kämpfe. ‚Wenn ihr meinen Leib', hielt er ihnen noch entgegen, ‚an diese Stätte schleppt und dort niedersetzt, denkt ihr etwa,
ihr könntet auch meine Seele und meine Augen auf diese Schaukämpfe richten? Anwesend werde ich also abwesend sein und so
zugleich über euch und über diese Spiele triumphieren.' Als sie das
hörten, zogen sie ihn nur noch ungestümer mit sich fort; nun waren
sie erst recht begierig, eben darauf die Probe zu machen: ob er das
wohl fertigbringen könne.

Als sie dort angelangt waren und auf den Rängen, so gut es ging,
Platz gefunden hatten, brodelte ringsum schon alles von blutrüns-
tigsten Lüsten. Alypius verschloss die Türflügel seiner Augen und
verbot seiner Seele, sich in so grosse Übel hinauszubegeben. Und
hätte er sich doch auch noch die Ohren verstopft! Denn bei einer
plötzlichen Wendung des Kampfes schlug ein ungeheurer Aufschrei
der ganzen Menge heftig an sein Ohr; von der Neugier bezwungen
und als wäre er gerüstet, was immer das da unten sei, auch wenn er
es gesehen hätte, zu verachten und zu bezwingen, öffnete er seine
Augen – und wurde durchbohrt mit einer schwereren Verletzung an

seiner Seele als jener, den zu sehen er so sehr begehrte, an seinem Leibe und kam erbärmlicher zu Fall als jener, über dessen Fall der Aufschrei sich erhoben hatte. Dieser Aufschrei drang durch seine Ohren ein und löste die Türriegel seiner Augen, dass es einen Weg gebe, auf dem seine bis dahin noch eher verwegene als tapfere Seele getroffen und zu Fall gebracht werden konnte …

Denn wie er das Blut da unten erblickte, trank er zugleich unbändige Blutgier in vollem Mass, und nicht wandte er sich ab, sondern hielt den Anblick unverwandt fest und sog die Furien in sich auf und wusste es nicht und vergnügte sich an dem Frevel des Schaukampfs und berauschte sich mit blutdürstiger Lust. Und nicht mehr war er der, als der er gekommen war, sondern einer aus der Masse, zu der er gekommen war, und ein wahrer Konsorte derer, von denen er dorthin gebracht worden war. Was weiter? Er schaute zu, er schrie, er fing Feuer; er trug von dort den Wahnsinn mit sich davon, der ihn anstacheln sollte wiederzukommen, nicht nur mit denen, von denen er vorher abgeschleppt worden war, sondern auch jenen voraus und wieder andere nach sich ziehend."

Umgang mit Unmenschen

Wie die klassische Zeit das griechische Wort „ánthropos", „Mensch", zu der prägnanten Bedeutung eines wirklichen, wahrhaften Menschen erhoben hat, so hat sie diesem Inbegriff eines eigentlich menschlichen Menschen das Gegenbild eines „apánthropos", eines unmenschlichen „Unmenschen" gegenübergestellt. Die mit dem Präfix „apo-", „ab-, weg-", gebildete Prägung ist zuerst im 5. Jahrhundert v. Chr. für Sophokles bezeugt; sie ist in der Folge nicht geläufig geworden. Marc Aurel hat sie nochmals aufgenommen, in einer knappen Mahnung, angesichts der Unmenschlichkeit anderer die eigene Menschlichkeit nicht preiszugeben:

„Sieh zu, dass du gegenüber den Unmenschen nicht das Gleiche empfindest wie die Unmenschen gegenüber den Menschen."

„Die beste Art, sich zur Wehr zu setzen: sich nicht anzugleichen."

Der Mensch selbst

> „Ein nicht ständig überprüftes Leben
> ist nicht lebenswert für einen Menschen."
>
> *Platon*

Die Sorge „um sich selbst"

Der grosse Frager Sokrates hat der Philosophie die Wendung von der Kosmologie zur Ethik gegeben; er hat, mit Ciceros Worten, „als Erster die Philosophie vom Himmel herabgerufen … und sie dazu angehalten, ihre Fragen auf das Leben, das Handeln und das Gute und Schlechte darin zu richten". In Platons „Verteidigungsrede des Sokrates" – nach dem Schuldspruch der 501 Geschworenen – erhebt Sokrates den Anspruch, seinen Mitbürgern die „grösste Wohltat" erwiesen zu haben, indem er sie so eindringlich wie beharrlich zur Sorge um „sich selbst" statt um alles Drum und Dran wie das Vermögen oder eine politische Karriere aufgerufen habe:

„Ich versuchte ja, einen jeden von euch dazu zu bringen, sich nicht eher um irgendetwas von seinen Angelegenheiten zu kümmern, als bis er sich um sich selbst gekümmert hätte, das heisst: dass er so gut und vernünftig würde wie nur irgend möglich, und nicht eher um irgendetwas von den Angelegenheiten der Stadt, als bis er sich um die Stadt selbst gekümmert hätte, und so auch um alles andere in entsprechender Weise."

Das Glück des Tätigen

Im Anschluss an den Sokratischen, Platonischen Aufruf zur „Sorge um sich selbst" (vgl. S. 96) gründet Aristoteles in seiner „Nikomachischen Ethik" das spezifische „menschliche Gute" und damit das menschliche Glück, die „eudaimonía", im Ganzen auf das richtige, massvolle Handeln des tätigen Menschen im öffentlichen und privaten Leben – mit der Einräumung, dass ein solches tätiges Engagement vielfach auch den Einsatz von mancherlei „äusseren Gütern" voraussetzen mag:

„Wenn die spezifische Leistung des Menschen eine Tätigkeit der Seele im Sinne der Vernunft oder doch nicht ohne Vernunft ist, … dann ist das menschliche Gute eine Tätigkeit der Seele im Sinne der Tüchtigkeit. … Und das in einem vollendeten Leben; denn eine einzige Schwalbe macht noch keinen Frühling, und so macht auch nicht ein einziger Tag oder eine kurze Zeit einen vollkommen Glücklichen. …

Dennoch scheint dieses Glück auch der äusseren Güter hinzuzubedürfen. Denn es ist unmöglich oder doch nicht leicht, das Schöne zu tun, wenn einem die Mittel dazu fehlen. Denn vieles lässt sich ja, wie durch Werkzeuge, nur mit Hilfe von Freunden, Geld und politischem Einfluss zuwege bringen."

In der Folge erörtert Aristoteles fein abwägend die Frage, inwieweit dieses im Ganzen auf das selbstverantwortliche wertvolle Handeln gegründete Lebensglück durch zufällig eintretende Unglücksfälle gemindert oder erschüttert werden kann:

„Von dem Vielen, das durch Zufall geschieht – sehr Verschiedenes, Bedeutendes und Unbedeutendes –, werden die kleinen Glücksfälle und gleicherweise auch die kleinen Unglücksfälle offensichtlich keinen Ausschlag für unser Leben geben. Die grossen und wiederholten Wechselfälle dagegen werden, wenn sie sich zum Guten auswirken, das Leben glücklicher machen – denn zunächst sind sie selbst dazu angetan, unser Leben zu verschönern, und sodann erweist sich ihr Gebrauch als schön und sinnvoll. Wenn sie jedoch zum Gegenteil ausschlagen, schmälern und trüben sie das Glück; denn sie bringen Schmerz und Leid mit sich und hemmen vielfach unser Tätigsein. Dennoch leuchtet auch darin das Schöne hervor, wenn einer viele schwere Schicksalsschläge gefasst erträgt, nicht aus Unempfindlichkeit, sondern in vornehmer, grosser Gesinnung.

Wenn nun das Tätigsein entscheidend ist für das Lebensglück, kann wohl keiner von den Glücklichen je gänzlich unglücklich werden; denn niemals wird er Dinge tun, die wir verabscheuen oder verurteilen. Der wahrhaft Tüchtige und Besonnene wird ja, meinen wir, alle Schicksalsschläge mit Haltung ertragen und aus den bestehenden Verhältnissen jeweils das Beste machen, wie ja auch ein tüchtiger Feldherr die ihm zu Gebote stehende Streitmacht am schlagkräftigsten einsetzen und ein Schuster aus den gegebenen Lederstücken den schönsten Schuh fertigen wird, und in gleicher Weise ja auch die anderen Handwerker. Wenn das so ist, kann der Glückliche wohl niemals gänzlich unglücklich werden, allerdings auch nicht vollends glücklich, wenn er etwa dem Schicksal eines Priamos verfällt.

Er wird denn auch nicht zwischen Glück und Unglück schillern und leicht von einem ins andere fallen. Denn weder wird er leicht aus dem Glück verstossen werden – und nicht von irgendwelchen Unglücksfällen, sondern allenfalls von schweren und wiederholten –, noch wird er nach solchen Schicksalsschlägen in kurzer Zeit wieder glücklich werden, sondern wenn überhaupt, erst in einer langen und erfüllten Zeitspanne, nachdem ihm in dieser Zeit wieder grosse und schöne Glücksfälle zuteil geworden sind.

Was hindert uns nun, denjenigen glücklich zu nennen, der im Sinne der vollkommenen Tüchtigkeit tätig und dazu mit den nötigen äusseren Gütern hinreichend ausgestattet ist, und dies nicht für irgendeine begrenzte Zeit, sondern für ein vollendetes Leben? Oder müssen wir noch hinzusetzen: wenn er auch künftig so glücklich leben und entsprechend sterben wird? Dies, da die Zukunft uns ja verborgen ist, wir das Glück aber als eine Vollendung und etwas in jeder Weise und in jeder Hinsicht Vollkommenes ansehen. Wenn das so ist, werden wir diejenigen unter den Lebenden glücklich nennen, denen das Gesagte zukommt und weiterhin zukommen wird – freilich: glücklich als Menschen."

„Alles, was mein ist"

Omnia mecum porto mea.
„Ich trage alles bei mir, was mein ist."

Die Anekdote, aus der das geflügelte „Omnia mecum porto mea" aufgeflogen ist, wird bald dem alten Bias von Priëne, einem der Sieben Weisen, bald dem zwei Jahrhunderte jüngeren Philosophen Stilpon von Megara zugeschrieben. Unser ältester Gewährsmann Cicero lässt die Autorschaft in der Schwebe; er zitiert den Ausspruch in seinen „Paradoxa der Stoiker" als ein klassisches Exempel für die Unerschütterlichkeit des stoischen „Weisen", der den Verlust aller seiner sogenannten „Güter" in sprichwörtlicher „stoischer Ruhe" erträgt:

„Da mag mich auslachen, wer will: Mehr wird bei mir immer noch die wahre Vernunft vermögen als die Meinung der Menge, und ich werde niemals sagen, einer habe ‚Güter' eingebüsst, wenn er sein Vieh oder seinen Hausrat verloren hat. Ja, da werde ich noch oft jenen alten Weisen rühmen – ich denke, es war Bias, der zu den Sieben Weisen gezählt wird. Der Feind hatte seine Vaterstadt Priëne eingenommen; als die Übrigen, so viel sie konnten, von ihrem Hab und Gut auf die Flucht mitnahmen und einer ihn drängte, er selbst solle doch das Gleiche tun, erwiderte er: ‚Aber das tue ich ja: Ich trage alles bei mir, was mein ist.' Dieser Bias hat die Dinge, mit denen die Glücksgöttin ihr Spiel treibt, nicht einmal als das ‚Seine' betrachtet – Dinge, die wir gemeinhin sogar als ‚Güter' ansprechen."

Eine Camping-Bekanntschaft

Die Besucher der Olympischen Spiele, deren Zahl in klassischer Zeit wohl in die Zehntausende ging, kampierten in den Sommerwochen um die fünf Wettkampftage in einer ausgedehnten Zeltstadt ausserhalb des Heiligen Bezirks. Eine köstliche, einzig in Älians „Bunter Geschichte" bezeugte Anekdote erzählt, wie Platon dort stillvergnügt sein Inkognito wahrte; sie illustriert auf feine Art die Sokratische Unterscheidung des Menschen „selbst" von seinem Drum und Dran:

„Platon, der Begründer der ‚Akademie', war in Olympia in einem Zelt zusammen mit anderen, ihm unbekannten Festbesuchern untergekommen, auch selbst als ein ihnen Unbekannter. Doch in dem Zusammensein – sie teilten die Mahlzeiten miteinander, ohne alle Umstände, und verbrachten überhaupt den ganzen Tag miteinander – nahm er sie dermassen für sich ein und zog sie geradezu in seinen Bann, dass die Fremden sich über alle Massen freuten, mit diesem Mann zusammengetroffen zu sein. Weder von seiner ‚Akademie' liess er etwas durchblicken noch von Sokrates; nur das eine gab er ihnen zu erkennen, dass er – wie viele andere – Platon heisse. Als seine Zeltgenossen auf der Rückreise noch nach Athen kamen, nahm er sie mit grösster Liebenswürdigkeit in seinem Hause auf. Schliesslich baten ihn seine Gäste: ‚Sei doch so gut, Platon, und zeige uns jetzt noch deinen berühmten Namensvetter, den Schüler des Sokrates; führe uns in seine ‚Akademie' und bring uns mit dem Mann zusammen, dass wir doch auch von ihm noch einen Eindruck haben!' Da lächelte Platon ganz leicht, wie es seine Art war, und sagte: ‚Aber der bin ich doch selbst!' Die aber waren wie vor den Kopf geschlagen, dass sie einen so grossen Mann tatsächlich all die Tage um sich gehabt haben sollten, ohne es zu merken, da er ihnen so ohne alle Eingebildetheit und Wichtigtuerei begegnet war und ihnen gezeigt hatte, dass er die Menschen um ihn auch ohne seine gewohnten gelehrten Gespräche in seinen Bann schlagen konnte."

Die Umkehr der Wunschspirale

Die stoische und die Epikureische Lebensphilosophie treffen sich in der Lebensregel, es jeweils mit dem „Hinreichenden" und Genügenden genug sein zu lassen, die erste in der Sorge um die Unabhängigkeit des „Weisen", die zweite in der Sorge um die Genussfähigkeit des Lebensgeniessers. Zwei Epikureische Aphorismen deuten auf die von Windung zu Windung sich hochschraubende Wunschspirale – und auf eine Umkehr der Perspektive:

„Nichts ist hinreichend für den, für den das Hinreichende wenig ist."

„Man soll nicht die vorhandenen Dinge beleidigen durch das Verlangen nach den nicht vorhandenen, sondern daran denken, dass auch diese einmal zum sehnlich Gewünschten gehört haben."

Ein halbes Jahrtausend nach Epikur hat der Stoiker Marc Aurel den Gedanken noch einmal zugespitzt:

„Nicht an die nicht vorhandenen Dinge denken, als ob sie schon da wären, sondern von den vorhandenen die meistgebrauchten herausgreifen und in Hinblick auf sie sich vergegenwärtigen, wie sehnlich sie gewünscht würden, wenn sie nicht vorhanden wären."

Ein Schatz im Text

Si, quod adest, gratum iuvat …
„Wenn das, was da ist, einen Dankbaren beglückt …“

Glücklich über das Landhaus samt Landgut im Sabinischen, das Maecenas ihm geschenkt hat, beginnt Horaz seine köstliche Satire von städtischer Hetze und ländlicher Musse mit einem Dank- und Wunschgebet an „Majas Sohn“ Merkur, den Gott des rührigen Handels und Wandels, aber auch des unverhofften Finderglücks. Von einem Schatzfund im Acker lässt Horaz da eine ruhelose Seele träumen, und mitten in den Text hat er selbst einen Schatz hineingeheimnist:

„… Mir ist wohl,
ich bitte weiter nichts, o Majens Sohn,
als dass du mir erhaltest, was du gabst.
Wofern ich nicht mein Gut durch böse Künste
vergrössert habe, nicht durch Torheit und Verschwendung
verringern werde; wenn in meine Seele
kein Wunsch wie dieser kommt: ‚O möchte doch,
mein Feld zu runden, noch der Winkel dort
hinzu sich fügen!‘ – oder: ‚Wenn mich doch
mein gutes Glück auf einen Topf voll Geld
wie jenen Mietling stossen liesse, der
mit dem gefundnen Schatze das zuvor
um Lohn gepflügte Land erkaufte und
als Eigentum, von Herkuls Gnaden, baute‘:
Kurz, wenn ich mich, *was da ist*, freuen lasse,
so höre nur dies einzige Gebet:
Lass meine Herden, o Merkur, mein Feld,
und alles andre fetter werden, nur
nicht meinen Witz, und bleibe, wie bisher,
mein grosser Schutzpatron!“

Da wünscht sich der eine das zunächst angrenzende „Winkelchen", das seinem „Äckerchen" eben noch gefehlt hat, der andere einen Schatzfund: Allerweltswünsche, Jedermannswünsche. In schlichten Worten, die man leicht überliest, setzt Horaz derlei Wunschphantasien die Zauberformel seines eigenen in sich ruhenden Glücks entgegen: „Si, quod adest, gratum iuvat ...", in Wielands Übersetzung: „Wenn ich mich, was da ist, freuen lasse ...", oder auch, Wort für Wort: „Wenn das, was da ist, einen Dankbaren beglückt ..."

Epikureisches Myrtengrün

Mit einem stillen Bild Epikureischen Sich-Bescheidens hat Horaz sein erstes Odenbuch beschlossen. In dem kurzen Lied spricht der Dichter, der da – wir denken uns: auf seinem Sabinergut – „unter dichtem Reblaub" beim Wein sitzt, den jungen Sklaven an, der ihn nach griechischer Trinksitte würdig hatte bekränzen wollen:

„Perserluxus mag, Knabe, ich nicht treiben,
mag nicht bastumwundene Blumenkränze;
lass das Suchen sein, wo die letzte Rose
    spät noch verblühe.

Schlichtes Myrtengrün – nicht bemüh dich weiter –
sei mein Kranz: Die Myrte macht dir, dem Diener,
Ehre so wie mir, wenn ich unter dichtem
    Reblaub hier trinke."

Überflüssiges und mehr als Überflüssiges

Nostri essemus, si ista nostra non essent.
„Wir wären unser, wenn diese Dinge nicht unser wären."

Haben: das kann vielerlei bedeuten. Haben wir die Dinge? Oder haben die Dinge uns? Zwei miteinander korrespondierende Stellen aus Senecas Altersbriefen handeln von der Freiheit des Einzelnen im Überfluss, von Gesellschaftszwängen und Modetorheiten, von klingender und anderer Münze, vom Haben und Gehabt-Werden:

„Wie überflüssig viele Dinge in unserem Besitz und täglichen Gebrauch sind, das sehen wir nicht eher ein, als bis sie uns irgendeinmal nicht mehr zur Hand gewesen sind. Denn wir gebrauchten sie ja nicht, weil wir sie nötig hatten, sondern lediglich, weil wir sie hatten. Wie viele Dinge aber schaffen wir uns erst noch an, weil andere sie sich vor uns angeschafft haben, weil sie bei den meisten schon herumstehen! Unter den Ursachen unserer Unruhe ist eine auch die, dass wir nach den Beispielen anderer leben, dass wir uns nicht von der Vernunft bestärken, sondern von der Mode verführen lassen. Dieselbe Torheit, die wir niemals nachahmen wollten, wenn nur wenige sich mit ihr hervortäten, findet dann doch, sobald die Mehrheit damit angefangen hat, unsere Nachfolge – als ob etwas dadurch nachahmenswerter würde, dass es häufiger vorgemacht wird! Ja, zur Richtschnur wird bei uns die Verirrung, wenn sie nur erst allgemein geworden ist."

„Manches ist ganz und gar überflüssig, manches ist jedenfalls seinen Preis nicht wert. Aber wir schauen da nicht durch, und manchmal scheint uns gerade das geschenkt, was uns am teuersten zu stehen kommt. Daraus mag unsere Kurzsichtigkeit deutlich werden: dass wir einzig das zu kaufen meinen, wofür wir in klingender Münze bezahlen, und das geschenkt nennen, wofür wir uns selbst in Zahlung geben. Was wir niemals kaufen wollten, wenn wir unser Haus dafür hingeben müssten oder ein reizvolles und rentables Landgut, darauf stürzen wir uns höchst bereitwillig mit Eifer und Gefahr, mit dem Verlust von Scham, von Freiheit und von Zeit; so sehr ist jedem nichts eher feil als er selbst ... Oft hat das den höchsten Preis, für das keiner bezahlt wird. Viele Dinge kann ich dir bezeichnen, die uns, kaum dass sie in unseren Besitz und in unsere Hände gelangt sind, schon unsere Freiheit entwunden haben. Wir wären unser, wenn diese Dinge nicht unser wären."

Freiheit, die durch den Magen geht

Nihil habeo parati nisi me.
„Nichts habe ich, das für mich bereit ist, ausser mir selbst."

Unerwartet ist Seneca spätabends auf seinem Landgut eingetroffen. Was die Küchenmannschaft im Herrenhaus, den Koch und den Bäcker, in helle Aufregung versetzt, wird für den müden, hungrigen Spätankömmling zu einem „experimentum animi", zur Erfahrung einer Freiheit, die hier für einmal durch den Magen geht:

„Erschöpft von einer eher unbequemen als langen Reise bin ich spät in der Nacht auf meinem Albanischen Landgut angekommen. Nichts habe ich, das für mich bereit ist, ausser mir selbst. Und so strecke ich meine müden Glieder auf dem Ruhebett aus und mache aus dem Säumen von Koch und Bäcker das Beste. Denn mit mir selbst spreche ich eben darüber, wie doch nichts zur Last wird, was wir leicht nehmen, nichts zum Ärgernis wird, als was wir selbst durch unseren Ärger dazu machen. Mein Bäcker hat kein Brot; aber der Pächter hat welches, der Sklave im Atrium hat welches, der Bauer hat welches. ‚Schlechtes Brot', sagst du. Warte nur: Es wird gut werden: Auch dieses grobe Brot wird der Hunger noch zu einem feinen und sogar zu einem Weizenbrot werden lassen. … Alles haben, was immer einer will, das kann keiner; aber das kann jeder: nicht wollen, was er nicht hat, und das jeweils Gebotene froh geniessen. Ein grosser Teil der Freiheit besteht in einem verträglich gestimmten Magen, der auch einmal eine Schmähung hinnimmt."

Besitz und Gebrauch

In der Äsopischen Fabel vom „Habsüchtigen" kommt der Titelheld nicht in Tiergestalt, etwa in der eines gierigen Wolfes, sondern in Menschengestalt daher. Hier geht es nicht so sehr um die Habgier, mit der einer sein Hab und Gut vermehrt, als vielmehr um den Gebrauch, den einer von seinem Vermögen macht:

„Ein Habsüchtiger machte sein gesamtes Hab und Gut zu Geld und kaufte sich davon einen Klumpen Gold. Den vergrub er draussen vor der Stadtmauer und ging nun täglich dort hinaus, um nach seinem Schatz zu sehen. Ein Landarbeiter in der Gegend beobachtete sein häufiges Kommen und Gehen und traf mit seiner Vermutung das Richtige; nachdem der Mann sich wieder einmal entfernt hatte, grub er den Goldklumpen aus und schaffte ihn beiseite. Als der Habsüchtige das nächste Mal wiederkam und sein Versteck leer fand, weinte er tagelang und raufte sich die Haare. Ein Freund traf ihn derart verzweifelt an, und wie er den Grund seines Unglücks erfuhr, sagte er zu ihm: ‚Trauere dem Gold nicht nach, mein Freund, sondern nimm irgendeinen Stein, verwahre ihn in demselben Depot und stelle dir vor, dein Goldklumpen liege immer noch dort. Denn auch, als er tatsächlich dort noch lag, hast du ja keinerlei Gebrauch davon gemacht.'"

Die antike Schulausgabe deutet hinterdrein noch mit dem Zaunpfahl auf die „Moral von der Geschicht": „Die Fabel macht klar, das der Besitz nichts wert ist, wenn nicht der Gebrauch hinzukommt."

Ein Tauschmarkt fürs Unglück

Im Perserkrieg von 480/479 v. Chr. war der Vorwurf aufgekommen, die Argeier hätten im Vorfeld des Krieges womöglich die Freundschaft des Perserkönigs Xerxes gesucht. Herodot gibt die Versionen beider Seiten ausführlich wieder, ohne sich die eine oder die andere zu eigen zu machen; zum Abschluss zitiert er eine volkstümliche Parabel:

„So viel aber weiss ich genau: Wenn alle Menschen ihr Päckchen Unglück, jeder das seine, auf einem Platz zusammentrügen, in der Absicht, es mit ihren Nächsten zu tauschen, dann würden sie gewiss, hätten sie nur erst hineingeschaut in das Unglück dieser Nächsten, mit Freuden jeder von ihnen das Päckchen wieder heimtragen, das er hingetragen hatte."

So sei auch das, merkt Herodot dazu noch an, was die Argeier allenfalls getan hätten, nicht das Verächtlichste von allem.

Ein Glückskatalog

Quod sis, esse velis nihilque malis ...
„Dass du, was du bist, sein willst und nichts lieber ...“

In einem schlichten, seinem vertrauten Freund und Namensvetter Julius Martialis gewidmeten Freundesgedicht zählt Martial die Dinge auf, die das Leben wenn nicht vollends glücklich, so doch „glücklicher“ machen. Von Vers zu Vers schreiten die locker aneinandergereihten Elfsilbler vom Äusseren zum Innersten fort; in den letzten beiden Versen kehrt die blosse Aufzählung zu der freundschaftlichen Ansprache des Anfangs zurück:

„Was uns glücklicher macht das Menschenleben,
liebster Freund Martial, sind diese Dinge:
ein Vermögen, ererbt, nicht schwer erworben;
ein Stück Land und ein Herd, der allzeit warm ist;
kein Prozess, kaum die Toga, ruhige Denkart;
Leibeskräfte mit Mass, ein gesunder Körper;
wache Offenheit, gleichgesinnte Freunde;
lock're Gastlichkeit, ohne Kunst die Tafel;
Nächte weinselig nicht, doch frei von Sorgen;
freudlos trist nicht die Bettstatt und doch schamhaft;
fester Schlaf, der die dunklen Stunden abkürzt –
dass du, was du bist, sein willst und nichts lieber,
weder fürchtest das Ende noch es wünschest.“

Den Stein nach der Richtschnur

Am Anfang seiner Schrift „Wie einer seinen Fortschritt in der Tugend wahrnehmen könne" – oder modern: „Über die Erfolgskontrolle in der Selbsterziehung" – erhebt Plutarch mit einem Dichterwort eine simple Handwerksregel zur Lebensregel:

„Das ist richtig gesagt:

‚... nach der Richtschnur sollst
den Stein du setzen, nicht die Richtschnur nach dem Stein.'"

Das strenggefasste, selbst geradezu nach der Richtschnur gefügte Wort, über das ein Steinmetz ja nur lachen könnte, ist sonst nirgends überliefert. Plutarch nennt den Autor nicht; die Verse waren zu seiner Zeit offenbar schon sprichwörtlich geworden.

Alternatives Leben

„Einer gab dem Diogenes zu bedenken: ,Viele lachen über dich.'
,Aber ich', erwiderte er, ,ich lache nicht über mich.'"

Diogenes Laërtios

Die Kunst,
mit dem Wenigsten auszukommen

Sokrates hatte die „tausendfältige Armut", die er um seiner philosophischen Existenz willen auf sich genommen hatte, noch mit stiller Gelassenheit, einem vorweggenommenen stoischen Gleichmut, getragen. Eine beiläufig „zu sich selbst" gesprochene, einzig bei Diogenes Laërtios überlieferte Bemerkung ist dafür das reizvollste Zeugnis:

„Oft, wenn er über die Fülle der auf dem Markt angebotenen Waren hinblickte, sagte Sokrates zu sich selbst: ,Wie viele Dinge gibt es doch, die ich nicht brauche!'"

Erst sein Schüler Antisthenes und sein Enkelschüler Diogenes, dieser randständige Rucksackphilosoph, haben die Sokratische Selbstgenügsamkeit gegenüber der luxusgewohnten, übersättigten Gesellschaft jenes 4. Jahrhunderts v. Chr. demonstrativ und provokativ zu einer alternativen Lebensform erhoben. Da wird schon ein hölzerner Becher zum Massstab des Überflüssigen:

„Als Diogenes einen Knaben erblickte, der aus seinen Händen trank, kramte er seinen Becher aus dem Ranzen, schleuderte ihn fort und rief: ,Tatsächlich – da hat mich doch ein Knabe besiegt in der Kunst, mit dem Wenigsten auszukommen!'"

Schamlos und rotzfrech

In zwei Schritten ist die Sokratische Armut auf den Hund gekommen. Der Sokratesjünger Antisthenes erhob den abgewetzten Mantel des Meisters zur Kulttracht der Kulturverächter, und der Antisthenesjünger Diogenes brachte zu dem zerschlissenen Outfit noch die berüchtigte Schamlosigkeit hinzu, die ihm den Schimpfnamen „kýon", „der Hund", und seinen Anhängern den Schulnamen „Kyniker" einbrachte. „Er war gewohnt", so die feine Umschreibung seines Namensvetters Diogenes Laërtios, „alles auf offener Strasse zu verrichten, sowohl was die Korngöttin Demeter als auch was die Liebesgöttin Aphrodite betraf." Antisthenes hatte seine Sokratische Philosophie noch gelehrt und gepredigt; Diogenes inszenierte sein alternatives Leben so schamlos wie rotzfrech als ein öffentliches Ärgernis, und er war ein Meister in der Kunst, die Lacher auf seine Seite zu bringen.

„Als Diogenes einmal mitten auf dem Markt sein Mittagspicknick auspackte, riefen die Umstehenden in einem fort: ‚Du Hund!', ‚Du Hund!' ‚Ihr selbst seid die Hunde', rief er zurück, ‚wie ihr mich hier beim Essen umlagert!'"

„Bei einem Essen warfen einige der Gäste dem Diogenes ihre abgenagten Knochen zu, eben wie einem Hund. Ohne einen Augenblick zu zögern, sprang der auf, hob das Bein und pisste sie an, eben auch wie ein Hund."

„Als ein reicher Bürger ihn durch sein kostbar eingerichtetes Haus führte und ihm verwehren wollte auszuspucken, wie dieser hörbar Anstalt dazu machte, spuckte Diogenes ihm geradewegs ins Gesicht und erklärte, einen gemeineren Ort habe er in dem ganzen Haus nicht finden können."

Strassentheater

Mit dem Namen des Diogenes verbinden wir „hündische" Schamlosigkeit und rotzfreche Unverschämtheit. Aber dieser alternative Bürgerschreck war zugleich der Erfinder und Meister eines feinen Strassentheaters. Da geht er am helllichten Tage mit einer brennenden Laterne über den Markt, leuchtet hier einem, dort einem ins Gesicht, geht kopfschüttelnd weiter, bis die Umstehenden einen wiederum kopfschüttelnden Zuschauerkreis bilden und einer ihn anspricht:

„Diogenes zündete am helllichten Tage eine Laterne an. Als einer ihn verwundert fragte, erklärte er: ‚Ich suche einen Menschen.'"

Oder da spielt er auf dem Platz vor dem grossen Theater, nach Schluss der Komödie, sein kleines Strassentheater, die Pantomime seines anstossenden, anstössigen Lebens, bis wieder einer ihm sein Stichwort gibt:

„Ein andermal kämpfte er sich den Herausströmenden entgegen ins Theater durch. Als einer ihn fragte, warum er das tue, antwortete er: ‚Genau das treibe ich doch in meinem ganzen Leben.'"

Kultivierte Unkultiviertheit

Die unverfroren Unverschämten haben allemal das letzte Wort. Aber hie und da, selten genug, lässt die Anekdote auch einen Antisthenes in seinem abgewetzten Kultmantel oder einen Diogenes mit seinem herausfordernd anstössigen Gebaren an seinen Meister geraten:

„Als Antisthenes einmal das Zerschlissene und Zerrissene seines Mantels, seines alten ‚Abgewetzten‘, hervorkehrte und gegen das Licht emporhielt, sagte Sokrates, indem er einen Blick darauf warf: ‚Durch alle Löcher und Risse deines abgewetzten Mantels sehe ich deinen eitlen, hohlen Dünkel hindurchscheinen!‘"

„Als Platon Freunde aus Syrakus, von Dionysios her, bei sich zu Gast hatte, trampelte Diogenes auf den kostbaren Teppichen herum und rief dazu: ‚Ich trete Platons Aufgeblasenheit mit Füssen!‘ Darauf erwiderte Platon: ‚Aber, Diogenes, doch nur mit einer anderen Aufgeblasenheit!‘"

„Als Diogenes mitten auf dem Marktplatz sein Mittagspicknick auspackte und den gerade vorüberkommenden Platon einlud, sich zu ihm zu setzen und mit zuzulangen, erwiderte dieser: ‚Ach, Diogenes: Wie erfrischend wäre doch deine Unkultiviertheit, wenn du sie nur nicht so sehr kultivieren wolltest!‘"

Ein halbes Jahrtausend später hat Marc Aurel zu den Antisthenessen und Diogenessen seiner Zeit bemerkt:

„Die Aufgeblasenheit, die sich mit ihrer Unaufgeblasenheit aufbläst, ist von allen die schlimmste."

„Geh mir aus der Sonne!"

Se non è vero, è ben trovato: Die Begegnung Alexanders des Grossen mit Diogenes, dem „Hund", ist zum klassischen Exempel für die Bedürfnislosigkeit des Kynikers, ja überhaupt für die Autarkie , die „Selbstgenügsamkeit", des Weisen geworden. Die berühmte Szene spielt in einem Vorort von Korinth; die Gesandten des Korinthischen Bundes hatten sich am Isthmos versammelt, den Feldzug gegen das Perserreich beschlossen und dem jungen Makedonenkönig das Kommando übertragen:

„Wie nun viele bedeutende Männer, Politiker und auch Philosophen, Alexander ihre Aufwartung machten, erwartete er, dass auch Diogenes von Sinope desgleichen tun werde, zumal der sich damals in der Gegend von Korinth aufhielt. Als der jedoch, ohne sich im Geringsten um Alexander zu kümmern, im Vorort Kraneion seiner Musse nachging, machte sich Alexander selbst auf den Weg zu ihm hinaus. Diogenes lag gerade in der Sonne. Er setzte sich auch ein wenig auf, als er so viele Menschen auf sich zukommen sah, und blickte mit grossen Augen zu Alexander hinüber. Als dieser ihn aufs Freundlichste begrüsste und ansprach und die Frage an ihn richtete, ob er irgendeinen Wunsch an ihn habe, erwiderte Diogenes: ,Einen kleinen: Geh mir aus der Sonne!'"

Plutarch lässt noch einen Nachgedanken folgen. Darin erscheint die Existenz des Herrschers, der alles hat, was er sich wünscht, im Gegenbild des Weisen, der sich nichts wünscht, als was er hat, so paradox wie konsequent gespiegelt:

„So stark soll Alexander von dieser Begegnung beeindruckt gewesen sein, und so sehr soll er, dermassen herabgewürdigt, den stolz über ihn hinwegsehenden Sinn und die Grösse dieses Mannes bewundert haben, dass er, während seine Begleiter im Weggehen immer noch lachten und spotteten, freimütig bekannte: ,Wahrhaftig – wäre ich nicht Alexander, so wäre ich Diogenes.'"

118

Jugend und Alter

„Wer des Guten nicht mehr gedenkt, das ihm in seinem Leben
geschehen ist, der ist an ebendiesem Tage alt geworden."

Epikur

Sechzig, achtzig, hundert Jahre

In den Fragmenten des ionischen Lyrikers Mimnermos von Kolophon aus der Zeit um 600 v. Chr. steht die Klage über die Beschwerden des Alters im Vordergrund. Noch zu seinen Lebzeiten hat der Athener Solon ihm über das Ägäische Meer hinweg in lebensfrohem, geradezu altersfrohem Ton Paroli geboten:

„Als Mimnermos geschrieben hatte:
‚Wenn mich doch ohne Altersgebrechen und quälende Sorgen
    mit dem sechzigsten Jahr träfe des Todes Geschick!'

tadelte Solon ihn und erwiderte:
‚Nein doch: hörst du auch jetzt noch auf mich, so streiche die
Sechzig
    und verarge mir's nicht, dass ich auf Besseres kam!
Schreib das noch um, hellstimmiger Meister, und singe stattdessen:
    … mit dem achtzigsten Jahr träfe des Todes Geschick!'"

Als Solon diese Verse schrieb, hatte er die Sechzig wohl schon überschritten („hörst du auch jetzt noch auf mich …"). Ein neues Update dieser alten Verse dürfte aus dem „sechzigsten Jahr" des Mimnermos heute leichterhand ein „achtzigstes", aus Solons „achtzigstem" ein „hundertstes Jahr" machen.

Lebenslanges Lernen

Zu der fröhlichen Ermahnung des Atheners Solon an den Ionier Mimner-
mos, die Grenze eines lebenswerten Alters noch ein gutes Stück hinaufzu-
setzen, fügt sich ein weiteres Fragment wohl aus der gleichen Elegie. Fast
scheint es, als fänden wir hier den Schlüssel zu jener Solonischen Altersle-
bensfreude; in diesem Vers, einem vereinzelt überlieferten Pentameter, sind
die Grenzen von Jugend und Alter, Jugendtorheit und Altersweisheit, voll-
ends verwischt:

„Alt werde ich, und stets lerne ich vieles hinzu."

Der Vers ist bereits in der Antike zum Geflügelten Wort geworden; eine
erste Anspielung darauf finden wir in Platons Dialog „Laches", aus dem
Munde des athenischen Politikers und Feldherrn Nikias:

„Es ist ja, glaube ich, keine schlechte Sache, sich immer wieder vor
Augen zu stellen, was wir in unserem Leben einmal nicht richtig
gemacht haben oder auch jetzt noch nicht richtig machen. Vielmehr
wird einer in seinem weiteren Leben notwendig mit klügerer Voraussicht handeln, wenn er sich dem nicht entzieht, sondern sich darauf einlässt und mit Solons Wort anerkennt, dass er lernen muss,
solange er lebt – und nicht etwa meint, das Alter bringe ihm, wenn
es kommt, die Vernunft einfach mit."

Ein Senior im Hörsaal

Tamdiu discendum est, quamdiu vivas.
„So lange musst du lernen, solange du lebst."

Senioren-Akademien und Senioren-Universitäten sind erst allerjüngsten Ursprungs. Der Senior Seneca rechnet noch mit dem Kopfschütteln seiner Umgebung, wenn er dem Junior Lucilius von seinen jüngsten akademischen Eskapaden berichtet und ihm, nach der Kunstregel der Rhetorik, den milden Spott seiner Zeit- und Standesgenossen in den Mund legt:

„Sieh, wie offen ich mein Leben mit dir teile: Auch das hier Folgende will ich dir anvertrauen. Ich höre wieder einen Philosophen, und es ist sogar schon der fünfte Tag, seit ich zu ihm in die Schule gehe und ihn von der zweiten Mittagsstunde an vortragen höre. ‚Gerade im rechten Alter', wirst du spotten. Wieso denn nicht im rechten? Was wäre denn törichter als eben darum, weil du lange Zeit nichts mehr gelernt hast, überhaupt nichts mehr zu lernen? ‚Was heisst das? Soll ich dasselbe tun wie die Bildungsgecken und die jungen Leute?' Es ist noch gut mit mir bestellt, wenn dieses das Einzige ist, das meinem Alter übel ansteht. Menschen jedes Alters lässt diese Schule zu. ‚Dazu sollen wir alt und grau werden, dass wir den jungen Leuten nachlaufen?' Ins Theater werde ich auch als alter Mann noch gehen, zu den Wagenrennen im Circus Maximus werde ich mich tragen lassen, kein Gladiatorenpaar wird ohne mich seinen Kampf austragen – und da soll ich mich schämen, zu einem Philosophen zu gehen? So lange musst du lernen, solange du nicht weisst – wenn wir dem Sprichwort glauben: solange du lebst. Und auf keine Sache trifft dieses Sprichwort besser zu als gerade auf diese: So lange musst du lernen, wie du leben sollst, solange du lebst. Ich allerdings lehre dort zugleich etwas. Du fragst, was ich dort lehre? Dass auch ein alter Mensch noch etwas zu lernen hat."

„Nicht der junge Mensch ..."

Im erklärten Widerspruch zu seiner Zeit, dem jugendfrohen 4. Jahrhundert v. Chr., preist Epikur in einem bildkräftigen Aphorismus das nach allen Stürmen, aller „Irrfahrt" glücklich im bergenden Hafen angelangte Alter:

„Nicht der junge Mensch ist glücklich zu schätzen, sondern der alte, der sein Leben richtig geführt hat. Denn der junge Mensch im Vollbesitz seiner Kräfte wird vielfach vom wechselnden Erfolg und Misserfolg, während er ungestüm bald dieses, bald jenes verfolgt, blindlings hierhin und dorthin in die Irre verschlagen. Der alte Mensch dagegen ist wie in einem Hafen in seinem Alter eingelaufen, und vieles, was er sich in früheren Jahren an Lebensglück kaum hätte träumen lassen, hält er nun in unverlierbarer Freude in sich beschlossen."

Das Kind im König

Anekdoten von Spartanern: Da erwarten wir wortkarge „lakonische"
Kürze oder sonst karge „spartanische" Härte. Umso menschlicher – und
glaubwürdiger – nimmt sich vor dem Hintergrund dieser Männer- und
Kriegergesellschaft Plutarchs Bericht vom Steckenpferdspiel des Spartaner-
königs Agesilaos des Grossen (um 444–um 360 v. Chr.) mit seinen Söhnen
aus:

„Seine Kinder liebte Agesilaos über alle Massen und hatte die
grösste Freude daran, mit ihnen zu spielen. So soll dieser König
vielfach, als sie noch klein waren, auf einem hölzernen Stecken wie
auf einem richtigen Pferd aufgesessen und auf solch einem Stecken-
pferd in seinem Haus mit seinen Kindern herumgeritten sein. Als er
bei diesem fröhlichen Kinderspiel einmal unversehens von einem
seiner Freunde überrascht wurde, legte er diesem dringend die Bitte
ans Herz, doch ja niemandem ein Wort davon zu sagen, der noch
nicht selbst Vater von Söhnen geworden sei und Kinder in diesem
Alter habe."

Auch ein Generationenvertrag

In seiner Sammlung „lakonisch" knapper Aussprüche von Spartanern rühmt Plutarch die Familienpolitik des mythischen Gesetzgebers Lykurg, um darauf die offenbar viel und beifällig zitierte Grobheit eines jungen Spartaners gegenüber dem spartanischen Feldherrn Derkylidas anzuführen, der sich am Anfang des 4. Jahrhunderts v. Chr. in Kämpfen gegen die persischen Satrapen um seine Vaterstadt verdient gemacht hatte:

„Indem Lykurg die Unverheirateten vom Zuschauen bei den ‚Gymnopädien' ausschloss und auch sonst ihre Ehrenrechte einschränkte, traf er vielfältig Vorsorge für den Kinderreichtum. Auch beraubte er die Unverheirateten der Ehre und Pflege, welche die Jüngeren den Älteren in Sparta erwiesen. Und auch Jahrhunderte später hat niemand je das Wort getadelt, das Derkylidas sich sagen lassen musste, so hoch er auch als Feldherr angesehen war. Denn vor diesem Derkylidas stand einmal, als er hinzutrat, einer der Jüngeren von seinem Sitz nicht auf und erklärte ihm: ‚Du hast ja auch keinen gezeugt, der vor mir einmal aufstehen wird.'"

Die spartanischen „Gymnopädien" waren ein sommerliches Fest, an dem Chöre von Greisen, Männern und Knaben sangen und tanzten und athletische Wettkämpfe austrugen.

Die Kinder, die „Freien"

Pudore et liberalitate liberos retinere satius esse credo quam metu.
„Durch Schamgefühl und Freiheitlichkeit
die Kinder – die ‚Freien' – auf der rechten Bahn zu halten,
ist besser, glaube ich, als durch Furcht."

In Terenzens „Brüdern" steht der liberale Vater Micio seinem autoritären Bruder Demea gegenüber, dessen Sohn Aeschinus er adoptiert hat. Während Micio besorgt auf den über Nacht ausgebliebenen Sohn wartet, vergegenwärtigt er sich die Maximen seiner Erziehung; das lateinische Wort „liberi" für die „Kinder" – eigentlich: die „Freien" – gewinnt dabei eine prägnante Bedeutung:

„… Ich habe diesen Älteren der beiden zu mir genommen;
habe ihn aufgezogen von klein auf, ihn gehalten, ihn geliebt, als
   wär's mein eigener.
An ihm habe ich meine Freude; er ist mein Ein und Alles.
Dass er mir geradeso begegnet, dafür tue ich, was ich nur kann:
Ich habe eine offene Hand; ich lasse ihm manches durchgehen;
ich bin nicht unbedingt darauf aus, in allem mein väterliches Recht
   durchzusetzen.
Und was andere hinter dem Rücken ihrer Väter treiben, allerlei
   Jugendtorheiten –
dass er mir das nicht verheimlicht, dahin habe ich meinen Sohn
   gebracht.
Denn wer es über sich bringt, seinen Vater zu belügen oder zu
   betrügen –
wer sich davor nicht scheut, wird sich bei anderen erst recht nicht
   scheuen.
Durch Schamgefühl und Freiheitlichkeit die Kinder – die ‚Freien' –
auf der rechten Bahn zu halten, ist besser, glaube ich, als durch
   Furcht. …

Der irrt sich gewaltig, meiner Meinung nach jedenfalls,
der glaubt, eine Führung habe eher Gewicht und Bestand,
die sich mit Gewalt durchsetzt, als die in Freundschaft Bindungen
   knüpft.
Meine Überlegung ist die, und so sehe ich die Sache an:
Wer nur unter Drohung einer Strafe das von ihm Geforderte tut,
nimmt sich eben so lang in Acht, als er glaubt, sein Tun könne
   entdeckt werden.
Wenn er hofft, es bleibe verborgen, kehrt er wieder zu seinem
   wahren Wesen zurück.
Einer, den du durch Zuwendung an dich bindest, handelt aus sich
   selbst heraus;
er bemüht sich, dir mit Gleichem zu vergelten;
er wird, gleich ob unter deinen Augen oder nicht, ein und derselbe
   sein.
Das ist väterliche Art: seinen Sohn eher dahin zu bringen,
aus eigenem Antrieb das Rechte zu tun, als aus Furcht vor fremder
   Strafgewalt:
Dadurch unterscheiden sich ein Vater und ein Herr. Wer das nicht
   fertigbringt,
soll nur gleich zugeben, dass er's nicht versteht, Kinder – ‚Freie' –
   zu führen."

Väterliche Toleranz

In einem seiner Freundesbriefe stellt Plinius der Jüngere der „väterlichen Gewalt", der „patria potestas", und einem allzu strengen väterlichen Regime eine mitmenschliche väterliche Toleranz entgegen. Irren ist menschlich; unter diesem Zeichen können Väter und Söhne leicht die Rollen tauschen, Alterstorheiten und Jugendtorheiten einander leicht die Waage halten:

„Scharf wies da einer seinen Sohn zurecht, weil der – vielleicht etwas – zu viel Geld für Pferde und Hunde ausgebe. Zu dem sagte ich, als der junge Mann gegangen war: ‚Und du? Hast du denn nie etwas getan, was dein Vater dir hätte vorwerfen können? Hast du nie etwas getan, sage ich? Tust du nicht auch jetzt manchmal etwas, was dein Sohn – gesetzt, auf einmal wäre er der Vater, du der Sohn – dir mit gleicher Strenge vorhalten könnte? Lassen sich nicht alle Menschen von irgendeinem Fehler irreleiten? Leistet sich nicht jeder, der eine hierin, der andere darin, eine kleine Schwäche?' Das schreibe ich dir unter dem Eindruck dieses Beispiels übermässiger Strenge um unserer wechselseitigen Liebe willen: dass nicht auch du deinen Sohn einmal allzu scharf und hart anpackst. Denke daran, dass er noch jung ist und dass auch du einmal jung gewesen bist, und gebrauche den Vorrang, dass du der Vater bist, immer nur in dem Bewusstsein, dass du ein Mensch bist und der Vater eines Menschen."

Plinius selbst hatte keine Kinder. Seine erste und seine zweite Frau sind früh gestorben, auch seine dritte Ehe mit Calpurnia ist nach einer Fehlgeburt kinderlos geblieben.

Ein Collier von Söhnen

Eine Wanderanekdote zu Ehren der Mütter: Im griechischen Original tritt eine vornehme Ionierin mit einem kostbaren selbstverfertigten Gewebe einer namenlosen spartanischen Mutter gegenüber; die römische Version lässt eine geradeso vornehme Kampanerin mit ihren prächtigen Schmuckstücken auftrumpfen, und hier hat die stolze Mutter einen noblen römischen Namen:

„Als Cornelia, die Mutter der Gracchen, einmal eine vornehme Kampanerin bei sich zu Gast hatte und diese ihr stolz ihren Schmuck vorführte – die herrlichsten Stücke, die man zu jener Zeit haben konnte –, hielt sie ihre Besucherin eine Zeitlang im Gespräch hin, bis ihre Kinder aus der Schule zurückkamen; dann erklärte sie ihr: ‚Das hier sind meine Schmuckstücke.'"

Eine Kunst des Vergessens

In seinem Dialog „Vom höchsten Gut und vom grössten Übel" wirft Cicero die Frage auf, ob man sich des Üblen geradeso wie des Guten erinnern solle und ob es überhaupt in unserer Macht stehe, woran wir uns erinnerten. In diesem Zusammenhang zitiert er eine Anekdote, die den griechischen Lyriker Simonides mit dem athenischen Feldherrn Themistokles, dem Sieger in der Seeschlacht von Salamis 480 v. Chr., zusammenführt; Simonides galt nach einer gängigen Überlieferung als Erfinder der Mnemotechnik:

„Simonides – oder wer sonst es gewesen sein mag – erbot sich einmal dem Themistokles, ihn die Kunst des Gedächtnisses zu lehren. ‚Lieber lernte ich', erwiderte Themistokles, ‚eine Kunst des Vergessens. Denn ich erinnere mich an vieles, an das ich mich gar nicht erinnern möchte, und ich kann vieles nicht vergessen, das ich sehr gern vergessen möchte.'"

Mit seiner Flottenrüstung und seinem Sieg bei Salamis hatte Themistokles das Hauptverdienst an der Selbstbehauptung der Griechen gegenüber der persischen Übermacht. Nichtsdestoweniger wurde er in der Folge durch ein Scherbengericht aus seiner Vaterstadt vertrieben, des Hochverrats angeklagt und in Abwesenheit zum Tode verurteilt. 465/464 v. Chr. suchte Themistokles bei dem Perserkönig Artaxerxes I. Zuflucht, der ihm Magnesia am Mäander, nahe Ephesos, als Lehen zuwies; dort ist er einige Jahre später gestorben.

„Das Leben ein Auftritt"

„Die Welt ist eine Bühne, das Leben ein Auftritt:
Du kamst, sahst, tratst ab."
Sprichwörtlich

„Kein Leben ist nicht kurz", sagt Seneca am Ende eines seiner Altersbriefe mit der doppelten Verneinung einer alten Klage, doch nur, um sogleich ein anderes altes Bild dagegenzusetzen:

„Wie bei einem Theaterstück, so kommt es im Menschenleben nicht darauf an, wie lange, sondern wie gut gespielt worden ist."

Ein langes Alter, heisst es anderswo in diesen Briefen, sei weder sehr zu wünschen noch zurückzuweisen, und an dieser Stelle deutet ein hintersinniger Satz auf den anderen Akteur, der in diesem Stück bis zum letzten Akt mitspielt:

„Es ist erfreulich, so lange wie möglich mit sich selbst zusammen zu sein, wenn du dich zu einem Menschen gebildet hast, der es wert ist, dass du seine Gesellschaft geniesst."

„Geh nun heiter fort ..."

Kürze des Menschenlebens, Vergänglichkeit alles „Menschlichen": Das sind in der römischen Kaiserzeit bereits jahrhundertealte, vielfach ausgeprägte Gedanken; doch in Marc Aurels Worten „An sich selbst" erscheinen sie neu von lockerer Heiterkeit und stillfestem Lebensernst erfüllt:

„Überhaupt: alles Menschliche immerfort als dem Tag verfallen und wenig wertvoll erkennen: gestern Schleim, morgen Mumie oder Asche. Diese winzige Zeitspanne nun im Sinne der Natur durchmessen und schliesslich heiter die Rosse ausspannen – wie wenn die Olive vollends reif geworden herabfiele, lobpreisend das Land, das sie getragen hat, und Dank wissend dem Baum, der sie hat schwellen lassen."

„Noch nicht, eben noch nicht Asche oder Skelett und vielleicht einzig noch Name oder nicht einmal Name. Der Name aber: Schall und Widerhall ..."

Im Schlusswort seiner Notizen „An sich selbst" greift Marc Aurel auf das Bild von der Welt als einer Bühne, dem Leben als einem tragischen oder komischen Schauspiel zurück. Da will einer peinlich genau die Akte zählen, doch auch hier ist „heiter" das letzte Wort:

„‚Aber ich habe noch nicht alle fünf Akte gespielt, sondern erst drei.' Du hast recht; aber im Leben sind auch drei Akte schon das ganze Stück. Denn was vollendet ist, bestimmt der, der anfangs für die Verbindung, jetzt für die Auflösung Sorge trägt. Du hast für beides nicht zu sorgen. Geh nun heiter fort; denn auch der, der dich entlässt, ist heiter."

Zeit des Lebens, Zeit zu leben

Ille potens sui
laetusque deget, cui licet in diem
dixisse: „Vixi."
„Der nur wird als Herr seiner selbst
und frohgestimmt sein Leben führen, der von Tag zu Tag
sich sagen darf: ‚Ich habe gelebt.'"

Horaz

Vertagtes Leben

„Der kostspieligste Aufwand: die Zeit."
Antiphon

Im späten 5. Jahrhundert v. Chr. hat der Sophist Antiphon als Erster dazu aufgerufen, das Leben hier und jetzt zu leben:

„Es gibt Menschen, die das gegenwärtige Leben nicht leben, sondern sich mit viel Eifer erst noch darauf vorbereiten, als ob sie irgendein anderes künftiges Leben leben sollten, nicht dieses gegenwärtige, und währenddessen geht unvermerkt die Zeit vorüber."

„Das Leben wie einen Zug im Brettspiel noch einmal zurückzunehmen und von neuem anzufangen, die Chance gibt es nicht."

Der Kairos: ein Gott auf Rollerblades

Καιρὸν γνῶθι.
„Den rechten Augenblick erkenne!"
Pittakos von Mytilene

Der „kairós": Das ist der flüchtige glückhafte Augenblick, in dem gelingen mag, was vorher noch nicht und nachher nicht mehr gelingen kann. Im 4. Jahrhundert v. Chr. hat der Bronzegiesser Lysipp von Sikyon diesem vergöttlichten Kairos sprechende Züge verliehen, und der Epigrammatiker Poseidippos hat die skurrile Statue verwundert interviewt:

„Wer, woher ist dein Schöpfer? – Von Sikyon. – Aber der Name? –
Ist Lysipp. – Und du selbst? – Alles beherrsch' ich: Kairos. –
Doch warum stehst du auf Zehen? – Bin immer am Laufen! – Und wozu
hast du die Flügel am Fuss? – Fliege dahin wie der Wind! –
In deiner Rechten trägst du ein Messer? – Den Menschen zum Zeichen:
Nichts steht so spitz, heisst das, auf Messers Schneide wie ich! –
Was soll der Schopf an der Stirn? – Beim Zeus: dass, wer mir begegnet,
mich daran packe! – Wieso bist du dann hinten so kahl? –
Bin ich erst einmal vorübergeeilt auf geflügelten Füssen,
keiner, wie er's auch wünscht, hält mich von hinten noch fest! –
Wozu hat dich dein Meister geschaffen? – Eueretwegen,
Mensch, und mich hier ins Foyer euch zur Belehrung gestellt!"

Die Kopisten der Antike haben die geflügelten Füsse dieses flüchtigen Augenblicks noch auf Räder und Kugeln gesetzt. Heute käme dieser Lysippische Kairos wohl zeitgemäss als Punk daher, mit steif aufgestelltem Hahnenkamm und kahl geschorenem Hinterkopf, und flitzte statt auf Flügelfüssen auf Rollerblades vorüber.

„Die Zeit allein ist unser Eigen"

Vindica te tibi ...
„Erhebe Anspruch auf dich selbst für dich selbst ..."

„Vindicare", „vindizieren": Mit diesem Wort erhob der Römer förmlich Anspruch auf abhandengekommenes Eigentum, etwa einen entlaufenen Sklaven, den er unversehens im Besitz eines anderen wiedergefunden hat. In dem Brief, mit dem Seneca die Sammlung seiner Altersbriefe an Lucilius eröffnet, geht es um den Anspruch des Menschen auf sein Eigenstes, auf sich selbst und seine Zeit:

„Ja, so mache es, mein Lucilius: Erhebe Anspruch auf dich selbst für dich selbst, und die Zeit, die dir bisher entweder geraubt oder unterschlagen wurde oder aus der Hand fiel, die Zeit sammle und bewahre! Mache dir klar, dass dies so ist, wie ich schreibe: Manche Stunden werden uns entrissen, manche entwendet, manche zerrinnen uns unter den Händen. Am beschämendsten aber ist der Verlust, der durch Nachlässigkeit entsteht. ... Mache es also, mein Lucilius, wie du schreibst, dass du es machst: Alle Stunden halte fest umschlungen! So wird es dahin kommen, dass du weniger vom morgigen Tag abhängst, wenn du deine Hand auf den heutigen gelegt hast. Während es aufgeschoben wird, läuft das Leben vorüber. Alles Übrige, Lucilius, ist fremdes Gut: Die Zeit allein ist unser Eigen. In den Besitz dieser einen allzeit flüchtigen und uns entgleitenden Sache hat die Natur uns eingesetzt, aus dem uns vertreibt, wer immer nur will. Und so gross ist die Torheit der – doch sterblichen – Menschen, dass sie sich die geringsten und nichtigsten, jedenfalls doch wieder ersetzbaren Zuwendungen, wenn sie sie erhalten haben, anstandslos anrechnen lassen, hingegen niemand sich als Schuldner betrachtet, der Zeit empfangen hat – während dies doch zugleich das Einzige ist, das nicht einmal der Dankbare zurückerstatten kann."

Nochmals: Vertagtes Leben

Non vivunt, sed victuri sunt.
„Sie leben nicht, sondern haben nur erst vor zu leben."

Ein halbes Jahrtausend nach dem Sophisten Antiphon (vgl. S. 134) hat der Moralist Seneca das Paradox des ungelebten, aufs Morgen vertagten Lebens in seinen Altersbriefen mehrfach wiederaufgenommen:

„Manche Leute fangen erst dann zu leben an, wenn sie damit aufhören müssen. Wenn du das für verwunderlich hältst, will ich hinzusetzen, was dich noch mehr verwundern mag: Manche haben schon eher zu leben aufgehört, als sie angefangen haben."

„An vielen Menschen ist das Leben schon vorübergegangen, während sie noch die Ausrüstung für dieses Leben zusammensuchten. Mustere sie einzeln jeden für sich, betrachte sie alle miteinander: Da ist keiner, dessen Leben nicht aufs Morgen blickte. Was daran Übles sei, fragst du? Ein unendliches. Denn diese Menschen leben ja nicht, sondern haben nur erst vor zu leben. Alles schieben sie auf. Selbst wenn wir alle Kräfte anspannten, liefe das Leben uns dennoch davon; jetzt aber läuft es, während wir säumen, gleichsam wie ein fremdes an uns vorüber und wird am letzten Tag beendet, an jedem verloren."

„Morgen lebst du?"

Martial hat den Zielfiguren seiner Spottgedichte vielfach sprechende Namen gegeben. Der hier auf sein ewiges „Morgen, morgen" angesprochene, am Anfang und am Ende viermal auf seinen Namen festgelegte „Postumus" stammt aus dem alten, alterslosen Adel derer „von und zu Spät".

„Morgen lebst du, morgen, so sagst du, Postumus, immer.
　　Sag mir, dies Morgen, sag, Postumus, wann trifft das ein?
Wie weit ist dies Morgen noch weg? Wo ist es zu finden?
　　Hat sich das hinter dem Mond, hinter dem Mars gar versteckt?
Schon ist dies Morgen so alt wie Priamos oder wie Nestor,
　　ist eine Antiquität: Sag mir, wie hoch ist sein Preis?
Morgen lebst du? Zu spät schon ist's, Postumus, heute zu leben;
　　der ist verständig, der, Postumus, gestern gelebt."

Nachdem die Parther und die Armenier am Rande des Römischen Reiches zu Nachbarn im Global Village geworden sind, hat sich das „Morgen" des lateinischen Originals von diesen Randvölkern ein Stück weiter hinter den Mond und den Mars zurückgezogen.

Zeit zum Nichtstun

In einem nachmals berühmten Rechtsstreit um die Auslegung eines Testaments war Crassus, der „Rechtskundigste unter den Redegewaltigen", im frühen 1. Jahrhundert v. Chr. gegen Quintus Mucius Scaevola, den „Redegewaltigsten unter den Rechtskundigen", angetreten. In seinem Dialog „Über den Redner" legt Cicero dem berühmten Anwalt ein Selbstzitat aus dieser sogenannten „Causa Curiana" in den Mund; darin mokiert sich Crassus über einen zeitraubenden Perfektionismus, der dem Vielgefragten zugleich mit der Zeit die Freiheit nimmt:

„Die Sache verhält sich doch so: Die Vögel sehen wir zu ihrer Fortpflanzung und ihrem Nutzen ihre Nester anlegen und ausbauen und ebendiese Vögel, wenn sie etwas fertiggebracht haben, zur Erholung von der Anstrengung weithin und frei, ihres Tagwerks ledig, umherfliegen; geradeso hat unser Geist, wenn er von den Geschäften auf dem Forum und dem Tagwerk in der Stadt erschöpft ist, das Bedürfnis und das Verlangen, derart umherzufliegen, aller Sorge und Mühe ledig. Und so habe ich das, was ich in meinem Plädoyer für Curius zu Scaevola gesagt habe, nicht anders gesagt, als ich's allezeit empfunden habe, nämlich so: ‚Wenn, Scaevola', sagte ich, ‚erst einmal kein Testament mehr richtig aufgesetzt ist ausser denen, die du geschrieben hast, dann werden wir Mitbürger alle mit unseren Verfügungen einzig noch zu dir kommen, wirst du uns allen die Testamente schreiben müssen – du als Einziger. Was dann?', fragte ich. ‚Wann wirst du dann noch deinen öffentlichen Verpflichtungen nachgehen können? Wann den Geschäften deiner Freunde? Wann deinen eigenen? Wann wirst du, schliesslich, auch einmal einfach nichts tun können?' Und dann habe ich noch dies hinzugefügt: ‚Mir scheint nämlich der nicht ein freier Mann zu sein, der nicht zuweilen auch einfach nichts tut.'"

„Wär's vergönnt uns beiden ..."

Vierzehn Elfsilbler im Irrealis: eine Klage um die verlorene Musse, um das an gleichgültige Verpflichtungen verlorene „wahre Leben". Martials Gedicht ist an den vertrauten Freund und Namensvetter Julius Martialis gerichtet; die „Atrien" voller „stolzer Ahnenbilder" deuten auf den lästigen Klientendienst des Dichters, die „Prozesse" und das „öde Forum" auf die Anwaltstätigkeit des Freundes:

„Wär's, mein Freund Martial, vergönnt uns beiden,
sorglos unsere Tage zu geniessen,
frei die müssigen Stunden einzuteilen,
Zeit zu haben für unser wahres Leben –
nicht die Atrien und nicht die noblen Häuser,
nicht Prozesse und nicht das öde Forum
kennten wir, auch nicht stolze Ahnenbilder;
sondern Ausfahrt, Gespräch, Gedichte, Büchlein,
Marsfeld, Säulengang, Schatten, Brunnen, Bäder
wären unsere Plätze, unser Tagwerk.
Jetzt lebt keiner von uns für sich und sieht doch,
wie die sonnigen Tage all dahingehn,
uns verloren und doch uns angerechnet.
Sollte da, wer zu leben weiss, noch zögern?"

Die lateinischen Worte „... pereunt et imputantur", „... uns verloren und doch uns angerechnet", aus dem vorletzten Vers sind am Turm des Palazzo del Municipio von Palermo zum Uhrenspruch geworden.

Leerlauf der Termine

Für den Römer der klassischen Zeit waren Stadt und Land getrennte Lebenswelten: Da steht die „Stadt" für die „negotia", die vielerlei verpflichtenden, zeitraubenden „Geschäfte" und Termine, das „Land" für das „otium", die „Musse", die den Menschen zu sich kommen, zu sich selbst kommen lässt. Von seinem Landgut bei Laurentum am Meer blickt der jüngere Plinius zurück auf seine alltäglichen städtischen Verpflichtungen gegenüber seiner zahlreichen Klientel – Geschäfte und Termine, die aus der ländlichen Perspektive dieses „wahren, abgeschiedenen Musenorts" vollends sinnentleert erscheinen:

„Es ist merkwürdig, wie für einzelne in der Stadt verbrachte Tage die Rechnung noch aufgeht oder doch aufzugehen scheint, für mehrere aufeinander folgende Tage dagegen nicht mehr aufgeht. Denn wenn du jemanden fragst: ‚Was hast du heute getan?', so antwortet er vielleicht: ‚Ich bin meiner Verpflichtung nachgekommen, bei der Verleihung einer Bürgertoga zugegen zu sein; ich habe an einer Verlobungs- oder einer Hochzeitsfeier teilgenommen; der und der hat mich zur Unterzeichnung seines Testaments, der mich als seinen Anwalt in einem Prozess, der mich als seinen Berater in einer Rechtsfrage zugezogen.' Alle diese Dinge kommen dir an dem Tag, an dem du sie getan hast, durchaus notwendig vor, doch ebendieselben leer und nichtig, wenn du dir einmal Rechenschaft darüber gibst, dass du tagtäglich derlei Dinge getan hast, und noch viel mehr, wenn du dich einmal aus der Stadt zurückgezogen hast. Denn dann steigt in dir der Gedanke auf: Wie viele Tage habe ich mit wie gleichgültigen Dingen vertan!"

Geschenkte Musse

Seit der frühen Republik ist der Circus Maximus in Rom Schauplatz spektakulärer Wagenrennen gewesen. Über Jahrhunderte hinweg haben die Clubs der „Grünen" und „Blauen" dort ihre Viergespannrennen gefahren und eine nach Hunderttausenden zählende Zuschauerschaft in ihren Bann gezogen. Während die Fans ihren „grünen" und „blauen" Pferden und Jockeys zujubeln, geniesst der jüngere Plinius sein alternatives Rennvergnügen:

„Diese ganze Zeit habe ich zwischen Schreibtäfelchen und Büchern in der angenehmsten Ruhe verbracht. ,Wie', fragst du, ,hast du das in der Stadt fertiggebracht?' Es waren Wagenrennen, ein Schauspiel, von dem ich mich nicht im Geringsten fesseln lasse: Nichts von Neuerung, nichts von Abwechslung, nichts, das nicht einmal gesehen zu haben genügte. Umso mehr wundere ich mich, dass so viele Tausend Männer so kindisch immer wieder das Verlangen verspüren, laufende Pferde und auf Wagen stehende Menschen zu sehen. Ja, wenn sie entweder von der Schnelligkeit der Pferde oder von den Fahrkünsten der Lenker angezogen würden, hätte das noch einigen Sinn. Jetzt aber jubeln sie einem Trikot zu, für ein Trikot schwärmen sie, und nimm einmal an, mitten im Rennen, mitten im Wettkampf werde die eine Farbe dorthin, die andere hierhin übertragen: Die Anfeuerung und die Beifallsrufe werden auf die andere Seite überspringen, und augenblicklich werden die Fans ebendie Jockeys, ebendie Pferde, die sie von weither erkennen, deren Namen sie in Sprechchören skandieren, schnöde fallen lassen. So viel Publikumsgunst, ja so viel Autorität liegt in einem einzigen lumpigen Trikot – meinetwegen bei der Menge, die noch lumpiger als ein Trikot, aber doch auch bei manchen ernstzunehmenden Menschen! Wenn ich daran denke, wie diese Leute vor einem so nichtssagenden, gleichgültigen, immergleichen Schauspiel ihre Zeit versitzen, ziehe ich einiges Vergnügen daraus, dass dieses Vergnügen mich nicht in seinen Bann zieht. Und so lege ich die geschenkte Musse dieser Tage nur zu gern in meiner literarischen Arbeit an, während andere ebendiese Tage mit dem müssigsten Zeitvertreib vertun."

An den Anfang seiner „Worte an sich selbst" hat Marc Aurel einen weit ausgreifenden Dankeskatalog gestellt; an fünfter Stelle, nach Grossvater, Vater, Mutter und Urgrossvater, dankt er seinem Erzieher, dass er „weder ein Grüner noch ein Blauer geworden" sei.

Ausstieg aus dem Getriebe

Paucos servitus, plures servitutem tenent.
„Nur wenige hält der Sklavendienst,
viel mehr halten selbst ihren Sklavendienst fest."

Ausstieg: Dieses Stichwort galt in der frühen römischen Kaiserzeit dem Rückzug aus den belastenden forensischen und politischen Verpflichtungen, sei es zu einer literarischen Tätigkeit, sei es zu einem Epikureischen Nichtstun. Scharfsichtig durchleuchtet Seneca die widersprüchliche Seelenlage zwischen dem Liebäugeln mit dem Ausstieg aus jenen „elendigen Plackereien" und dem Festhängen an den liebgewordenen Boni ebendieser Plackereien:

„Es ist leicht, mein Lucilius, den belastenden Verpflichtungen zu entweichen, wenn du bereit bist, die Belohnungen für diese Verpflichtungen zu verachten. Das sind doch die Bedenken, die uns zögern lassen und die Hände binden: ‚Wie denn? So grosse Hoffnungen soll ich verloren geben? Jetzt, da die Ernte kommt, soll ich mich zurückziehen? Niemand wird sich noch an meine Seite drängen, niemand meiner Sänfte das Gefolge geben, niemand am Morgen mein Atrium aufsuchen.' Das ist es also, wovon die Menschen sich so ungern trennen; und den Lohn ihrer elendigen Plackereien lieben sie, diese Plackereien selbst verwünschen sie. Sie beklagen sich über ihren Ehrgeiz geradeso wie über eine Geliebte; das heisst, wenn du in ihre wahre Seelenlage Einblick nimmst: Sie lehnen ihn nicht wirklich ab, sie liegen nur im Streit mit ihm. Mustere die Menschen genau, die eben die Verhältnisse, die sie eben noch ersehnten, jetzt beklagen und bejammern und über den Ausstieg aus einem Leben reden, ohne das sie doch nicht leben können. Du wirst sehen, dass sie einen durchaus freiwilligen Aufenthalt in Verhältnissen nehmen, die sie selbst, wie sie sagen, doch nur mit Ächzen und Stöhnen ertragen können. So ist es, mein Lucilius: Nur wenige hält der Sklavendienst, viel mehr halten selbst ihren Sklavendienst fest."

Drinnen und draussen

Non quia difficilia sunt, non audemus,
sed quia non audemus, difficilia sunt.
„Nicht weil diese Dinge schwer sind, wagen wir sie nicht,
sondern weil wir sie nicht wagen, sind sie schwer."
Seneca

Wo liegt die Schwierigkeit? In den Dingen? In uns selbst? In unserer Sicht auf die Dinge? In seinen „Worten an sich selbst", „Wegen zu sich selbst", hat Marc Aurel den Befreiungsschlag gegen die äusseren Umstände in einen paradoxen Aphorismus gefasst:

„Heute bin ich aus allem, was wir an äusseren Umständen um uns haben, hinausgetreten. Nein: vielmehr habe ich alle diese äusseren Umstände hinausgeworfen. Denn draussen waren sie gar nicht, sondern drinnen in meinen eigenen Annahmen."

Grille und Ameise

Durch Jean de La Fontaine ist die Äsopische Fabel von der Grille und der Ameise für die Neuzeit zum Locus classicus für die „brotlose" Musenkunst geworden. Das griechische Original ist uns in acht iambischen Versen des Fabeldichters Babrios überliefert:

„Im Winter schleppte Korn um Korn die Ameis' an,
aus dem Versteck, das sie im Sommer angelegt.
Da bat die Grille flehentlich, auch ihr davon
ein wenig abzugeben: Sie verhungre sonst.
‚Was hast denn du', fragt die, ‚den Sommer durch getan?'
‚Ich war nicht müssig, nein: Ich sang in einem fort.'
Da lacht die Ameis' und schliesst ihren Weizen ein;
‚So tanze winters', sagt sie, ‚wenn du sommers zirpst!'"

Ein Mythos für den Musenfreund

Platons „Phaidros" führt uns an einem heissen Sommertag vor die Stadtmauer von Athen. Sokrates ist mit dem jungen Phaidros barfuss das Bachbett des Ilissos hinaufgegangen; an der Quelle haben sich die beiden im Schatten einer Platane niedergelassen. Die Luft ist erfüllt vom Plätschern des Bächleins und vom Zirpen der Zikaden, und ihnen gilt der alte Mythos, den Sokrates seinem jungen Freund dort erzählt; jeder „philómusos", jeder „Musenfreund", meint er, sollte ihn doch kennen:

„Es heisst, dass die Zikaden einmal Menschen waren, in alter Zeit, noch ehe die Musen geboren waren. Als dann die Musen auftraten und mit ihnen zunächst der Gesang aufkam, waren manche Menschen damals so von Sangeslust ergriffen und geradezu geschlagen, dass sie über ihrem Singen Speise und Trank vergassen und so ganz allmählich, ohne es zu merken, ihr Leben endeten. Aus diesen sangesfrohen Menschen ist in der Folge das Geschlecht der Zikaden hervorgegangen, und diese Ehrengabe hat es von den Musen empfangen: von Geburt an keiner Nahrung zu bedürfen, sondern ungespeist und ungetränkt sogleich loszusingen und so unaufhörlich fortzusingen, bis jede einmal so ihr Leben endet."

In dem alten Mythos spiegelt sich ein neuer: Etwas später, als nach den Musenkünsten auch die Arbeit auftrat und mit ihr ein Gewerbe nach dem anderen aufkam, waren manche Menschen wieder so von Arbeitslust geschlagen und geradezu besessen, dass sie über ihrer Arbeit Essen und Trinken vergassen und so ganz allmählich, ohne es zu merken, ihr Leben endeten. Man nannte sie griechisch die „ergobákchoi", auf Deutsch die „Workaholics". Aus diesen arbeitswütigen Menschen ist in der Folge das Geschlecht der Ameisen hervorgegangen, und auch ihm haben die Musen eine milde Gabe verliehen: von Geburt an ihrer Künste gar nicht zu bedürfen, sondern ohne Lieder, ohne Tänze sogleich loszuschuften und so unaufhörlich fortzuschuften, bis jede einmal so ihr Leben endet.

Natur und Technik

Nostris manibus in rerum natura
quasi alteram naturam efficere conamur.
„Mit unseren Händen suchen wir uns in der Natur
gleichsam eine zweite Natur zu erschaffen."
Cicero

„Offenbar Geheimnis"

Das griechische Wort phýsis, „Natur", ein Spross des Verbs phýo, „hervorbringen, hervortreiben", bezeichnet eigentlich das „Wachsen" und die darin herangewachsene Gestalt, den „Wuchs", etwa einer Pflanze. Dieses „Wachsen" vollzieht sich vor unseren Augen, doch wir haben darein keinen Einblick: Die Pflanze wächst, und es ist offenbar die Pflanze selbst, die sie selbst wachsen lässt; die Blüte entfaltet sich, die Frucht entwickelt sich, und es ist offenbar die Blüte selbst, die sich selbst entfaltet, die Frucht selbst, die sich selbst entwickelt, und dieses „selbst" ist da allemal zugleich Subjekt und Objekt. Der Naturprozess ist, mit Goethes Paradox, „offenbar Geheimnis", offensichtlich und doch undurchschaubar. Ein Fragment Heraklits und eines des Anaxagoras deuten darauf:

„Die Natur liebt es, sich zu verbergen."

„Anschauung des Unanschaubaren sind die Erscheinungen."

„Alles aufgrund einer Gesetzlichkeit"

*Wohl eine Hundertschaft alter und junger Wissenschaften von der Astro-
„logie" bis zur Zoo-„logie" trägt den griechischen „lógos" im Namen; das
Wort deutet zunächst im Sinne der „Analogie" auf eine klare Verhältnis-
mässigkeit und darüber hinaus auf eine strenge Gesetzmässigkeit. Im
5. Jahrhundert v. Chr. hat Leukipp, der Begründer der griechischen Atomistik, unter diesem Begriff als Erster eine durchgehende Naturgesetzlich-
keit postuliert:*

„Keine Sache entsteht einfach so, sondern alles aufgrund einer Ge-
setzlichkeit und unter einer Notwendigkeit."

Kein Overkill

„Wie ein vernünftiger Mensch", erklärt Aristoteles in seiner Vergleichenden Morphologie der Tiere, „teilt die Natur jedes Organ jeweils nur der Gattung zu, die es gebrauchen kann"; so habe sie das speziell zum Werkzeuggebrauch dienliche Greiforgan der Hand einzig dem intelligenten, zum Werkzeuggebrauch fähigen Menschen verliehen. Entsprechend vergibt diese „werkmeisterlich gestaltende", ökonomisch wirtschaftende Natur keine doppelte Organausstattung, wo ein Organ für sich allein die Funktion bereits vollauf zu erfüllen vermag. Aristoteles bezieht dieses Prinzip einer genau genügenden Ausstattung insbesondere auf die Wehrorgane zu Angriff und Verteidigung:

„Keine Tiergattung ist zugleich mit Reisszähnen und mit Stosszähnen ausgestattet, da die Natur nichts Unnützes und nichts Überflüssiges schafft. … Von den Tiergattungen, die Vielzeher sind, hat keine einzige Hörner. Der Grund dafür ist, dass die Hörner zur Verteidigung dienen, den Vielzehern aber andere Wehrorgane zur Verfügung stehen. Denn die Natur hat den einen Hufe gegeben, anderen zum Kampf taugliche Zähne, wieder anderen ein anderes hinreichendes Organ, sich zur Wehr zu setzen. … Mehrere jeweils für sich ausreichende Wehrorgane zugleich hat die Natur ein und derselben Gattung nicht gegeben."

Also kein Overkill und keine unnötigen Rüstungsaufwendungen: Von dieser superintelligenten Aristotelischen Natur könnte auch ihr intelligentes Topmodell noch einiges lernen.

Das Recycling der Natur

> „Wie ein guter Haushalter pflegt auch die Natur
> nichts wegzuwerfen,
> woraus sich noch etwas Brauchbares machen lässt."
> *Aristoteles*

In seinen zoologischen Schriften hat Aristoteles als Erster das Recycling der Ressourcen als ein Leitprinzip seiner „werkmeisterlich gestaltenden" Natur benannt. Ein halbes Jahrtausend später beschreibt Marc Aurel den Naturprozess im Ganzen als einen fortwährenden, in sich geschlossenen Kreislauf:

„Eine bittere Gurke: Wirf sie weg; Dorngestrüpp auf dem Weg: Weiche ihm aus. Das genügt; setze nicht noch den Vorwurf hinzu: ‚Warum auch sind derlei Dinge aufgekommen in der Welt?' Denn dann würdest du doch nur ausgelacht von einem Menschen, der sich auf die Natur versteht, wie du ja auch von einem Schreiner oder einem Schuster ausgelacht würdest, wenn du daran Anstoss nehmen wolltest, dass du in seiner Werkstatt Späne und Schnipsel von Holz oder Leder herumliegen siehst. Diese Handwerker haben immerhin einen Kehrichthaufen, wo sie derlei Abfall hinwerfen können. Die allumfassende Natur dagegen hat draussen nichts Weiteres mehr, sondern darin liegt das Wunderbare ihrer Kunst: Indem sie sich so ringsum eingrenzt, schlägt sie alles, was da drinnen zu vergehen, alt zu werden und zu nichts mehr nütze scheint, in sich selbst um und bringt aus ebendiesen Dingen wieder anderes, Neues und Junges hervor. So bedarf sie weder einer Zufuhr von draussen her, noch eines Komposthaufens, wo sie das Faulige wegwerfen könnte. Sie begnügt sich ganz mit dem Raum ihrer selbst, dem Stoff ihrer selbst und der ihr eigenen Kunst."

Der Feuerdiebstahl des Prometheus

Die Feuerdiebstähle der jüngsten Zeit wie die Entfesselung der Kernkraft oder die Entschlüsselung des Gencodes haben dem Prometheusmythos einen brandaktuellen Gegenwartsbezug gegeben. Eine arglistige Täuschung war da voraufgegangen. Bei der Teilung der Schlachtopfer unter Göttern und Menschen hatte Prometheus hier die Fleischstücke unter der Haut verborgen, dort die Knochen mit dem Fett überdeckt und dem Göttervater die Wahl überlassen. Der wählte den Haufen mit dem glänzenden Fett obenauf, und so kamen fortan bei den Götterfesten die blanken Knochen auf die Altäre und die Filetstücke auf die Festtafeln. Zeus vergalt den Etikettenschwindel mit einer harten Sanktion: Er verweigerte den Menschen das Feuer, den Schlüssel zur Technik, bis wiederum Prometheus die glimmende Glut im Mark eines Riesenfenchels auf die Erde brachte. Hesiod berichtet davon in seinen „Göttergenealogien" als Erster:

„Seitdem immerfort des listigen Truges gedenkend, allezeit,
verweigerte Zeus dem Holz der Esche die Kraft des unermüdlichen
  Feuers
für die sterblichen Menschen, die auf der Erde wohnen.
Aber ihn hinterging der tüchtige Sohn des Japetos – Prometheus –:
Er stahl des unermüdlichen Feuers weithin leuchtenden Strahl
in einem hohlen Fenchelstengel. Das biss ihn tief drinnen in seinem
  Innern,
Zeus, den hoch Donnernden, und er ergrimmte in seinem Herzen,
wie er bei den Menschen erblickte des Feuers weithin leuchtenden
  Strahl.
Und sogleich, zur Vergeltung für das Feuer, schuf er Übles den
  Menschen …"

Schon die klassische Antike hat diesen Prometheischen Feuerdiebstahl im Sinne eines „Téchne"- und Wissensdiebstahls verstanden (vgl. S. 45 f. und 161), und so ist von einer Rückforderung des „weithin leuchtenden", strah-

154

lenden Diebesguts hier mit keinem Wort die Rede: Ein Wissen, das einmal Verbreitung gefunden hat, lässt sich nicht mehr in Vergessenheit bringen. Umso härter fallen die Strafen aus: Prometheus wird mit „unauflöslichen schmerzenden Fesseln" an eine Säule – später bei Aischylos: an eine Felswand im Kaukasus – geschmiedet, wo der Adler des Zeus ihm Tag für Tag ein Stück aus der Leber herausreisst, die Nacht für Nacht wieder nachwächst. Und den Menschen sendet Zeus die eigens dazu geschaffene, unwiderstehlich verführerische Mädchengestalt der „Pandora" auf die Erde hinab, mitsamt ihrem mächtigen Fass – nicht etwa nur einer zierlichen „Büchse" – voll lebensverkürzender Krankheiten, Übel und Plagen.

Eiserne, fordernde Zeit

Labor omnia vicit.
„Mühsal eroberte alles."

In seinem Lehrgedicht von der Landarbeit beschreibt Vergil die Ablösung der Goldenen Zeit durch die Eiserne Zeit unter Jupiters Regime als eine gottgegebene herausfordernde Chance. Erst mit dem Versiegen der üppigen Fruchtbarkeit, erst durch die Nötigung zu fortwährender „Anstrengung", lateinisch „labor", und zur Erfindung von vielerlei „Künsten", lateinisch „artes", sei der Mensch vollends zum Menschen, zum ingeniösen Homo Faber geworden:

„… Er, der Vater, wollte es selbst, dass des Landbaus
Weg nicht leicht sei; als Erster setzte er Kunst ein, die Äcker
umzubrechen, und schärfte mit Sorgen die sterblichen Herzen,
duldete nicht, dass sein Reich in Altersträgheit erstarre.
Vor ihm, in Goldener Zeit, unterwarf kein Landmann die Fluren;
nicht einmal, die Felder zu teilen und Grenzen zu ziehen,
galt als Recht. Der Erwerb war Gemeingut; von selbst trug die
   Erde
jegliche Frucht, und üppiger noch, als es niemand ihr abzwang.
Jupiter gab den schwarzen Schlangen verderbliches Gift bei,
hiess auf Raub ausgehen die Wölfe, die Wogen sich heben,
schüttelte ab von den Blättern den Honig, entrückte das Feuer,
liess die weithin in Strömen fliessenden Weine versiegen:
dass die Erfahrung erfinderisch vielerlei Künste sich schaffe,
nach und nach, und in Furchen die Halme der Kornfrucht erzeuge,
dass aus den Adern des Kiesels verborgenes Feuer sie schlage.
Damals spürten die Flüsse zuerst den Einbaum von Erle,
gab der Schiffer zuerst den Sternen Zahlen und Namen,
nannte Plejaden sie, Hyaden, den leuchtenden Bären.
Damals erfand man, das wilde Getier mit Schlingen zu fangen,

Vögel mit Leim zu täuschen, mit Hunden den Wald zu umstellen.
Schon schlägt einer, das Wurfnetz schleudernd, den Strom und
    versenkt es
bis auf den Grund; durchs Meer schleppt ein andrer die triefenden
    Leinen.
Damals kamen das starrende Eisen, die kreischende Säge –
denn die ersten nahmen noch Keile, die Scheite zu spalten –,
damals die vielerlei Künste auf. Mühsal eroberte alles,
unersättlich, und schwer in der Notzeit drückende Armut."

Aus dem summierenden „Labor omnia vicit", „Mühsal eroberte alles, ge-
wann Herrschaft über alles", ist bereits in der Antike das geflügelte sprich-
wörtliche „Labor omnia vincit" in dem ganz anderen, simplen Sinne „An-
strengung bezwingt alles" aufgeflogen.

157

Olympische Automaten

„… ein Wunder zu schauen.“

„Autómatai“, „selbsterregt, selbstbewegt“, springen bei Homer die Him-melstore vor den Götterwagen der Olympic Airways auf; „autómatoi“, „automatisch“, laufen die Dreifüsse des Schmiedegotts Hephaistos auf ihren goldenen Rädern hin und her, die Götter mit Nektar und Ambrosia zu be-dienen; goldene Roboter in Mädchengestalt mit einem Chip für künstliche Intelligenz und Sprache stützen den Hinkenden. Für Homer gehört diese Hephaistische High-Tech zur Leichtigkeit des Olympischen Götterlebens:

„Here aber berührte schnell mit der Geissel die Pferde.
Von selber – automatisch – dröhnten auf die Tore des Himmels, die
   die Horen hüten,
denen anvertraut ist der grosse Himmel und der Olympos,
bald zurückzuschieben die dichte Wolke, bald vorzulegen.“

Im 18. Gesang der „Ilias“ sucht die Meergöttin Thetis den Götterschmied in seiner Werkstatt auf, ihn um eine Rüstung für ihren Sohn Achilleus zu bitten:

„Und sie fand ihn, wie er sich schwitzend um die Blasebälge
   herumbewegte,
geschäftig, denn Dreifüsse, zwanzig im ganzen, fertigte er,
rings an der Wand zu stehen der guterstellten Halle.
Und goldene Räder setzte er einem jeden von ihnen unter den Fuss,
dass sie ihm von selbst – automatisch – zum Versammlungsplatz
   der Götter liefen
und wieder ins Haus zurückkehrten, ein Wunder zu schauen.
Ja, die waren so weit vollendet, nur die Ohren waren noch nicht
angesetzt, die kunstreichen, die fügte er eben an und schlug die
   Bänder.“

Charis, die Göttin der Anmut, ruft den ingeniösen Götterschmied heraus:

„... und vom Ambosshalter stand auf die schnaufende Ungestalt,
hinkend, und unten regten sich die dünnen Schenkel.
Die Blasebälge stellte er weg vom Feuer, und alles Gerät,
mit dem er gearbeitet, sammelte er in einen silbernen Kasten.
Und mit einem Schwamm wischte er sich ab das Gesicht und die
    beiden Arme
und den Nacken, den starken, und die behaarte Brust,
tauchte in den Rock und ergriff den Stab, den dicken, und ging
    hinaus,
hinkend, und ihn stützend, den Herrn, liefen Dienerinnen,
goldene, die lebenden Jungfrauen glichen.
Die haben drinnen Verstand im Innern und drinnen auch Stimme
und Kraft, und wissen von den unsterblichen Göttern her die
    Werke."

In seinen „Politischen Schriften", in einem Kapitel über „Herren und Skla-
ven", hat Aristoteles den Bogen von jenen Hephaistischen Dreifüssen über
die Jahrtausende hinweg zu modernen Industrie-Automaten geschlagen –
im Irrealis, versteht sich:

„So ist auch ... jeder Handlanger sozusagen ein Werkzeug, das vielerlei Werkzeuge vertritt. Denn wenn jedes Werkzeug das ver-
möchte, dass es jeweils entweder auf einen Befehl oder auf eine vorgängige Wahrnehmung hin sein Werkstück verfertigen könnte, und
wenn derart, wie man es von den Dreifüssen des Hephaistos erzählt
– die seien ja, sagt der Dichter, ,automatisch zum Versammlungsplatz der Götter gelaufen' –, wenn derart auch die Weblade selbst die
Webfäden anschlüge und der Elfenbeinschlegel selbst die Saiten der
Kithara anzupfte, dann bedürften weder die Baumeister der Handlanger noch überhaupt die Herren der Sklaven."

Da gesellen sich zu jenen Homerischen rollenden Service-Automaten ima-
ginäre Aristotelische Web- und Musikautomaten, und die Option „ent-
weder auf einen Befehl oder auf eine vorgängige Wahrnehmung hin" dürfen
wir wohl mit „entweder programm- oder sensorgesteuert" verdolmetschen.

Die Übersetzung der Homerzitate ist von Wolfgang Schadewaldt über-
nommen.

„Philotechnie" – ein vergessenes Wort

Die „philosophía", „Philosophie", die philosophische Bemühung ums Erkennen und Verstehen, ist durch Sokrates und Platon zum Jahrtausendwort
geworden; die ihr verschwisterte Platonische „philotechnía", „Philotechnie", die entsprechende „philotechnische" Bemühung ums Bewerkstelligen,
hat kaum ihren Schöpfer überlebt. In dem Platonischen Kunstmythos von
der Ausstattung der Tiere und Menschen (vgl. S. 45 f.) blitzt das unüber-
setzbare Wort am Tatort des Prometheischen Feuerdiebstahls (vgl. S. 154 f.)
einmal kurz auf:

„… Doch in die gemeinsame Werkstatt der Athene und des Hephaistos, in der die beiden ‚philotechnierten' – ihre technischen Künste
übten –, dringt Prometheus heimlich ein, stiehlt das mit dem Feuer
verbundene technische Wissen des Hephaistos und das andere der
Athene und gibt es dem Menschen …"

In Platons „Kritias" erscheinen Athene und Hephaistos als wesensver-
wandte, verschwisterte Götter und mit ihnen ihre „Philosophie" und ihre
„Philotechnie" noch einmal Seite an Seite; danach ist das Wort in Vergessenheit geraten. Da mag man sich fragen: Hätten die mittelalterlichen
Universitäten eine derart der Philosophie verschwisterte „philotechnische"
Fakultät wohl eher in ihre hehre Universitas litterarum aufgenommen
und nicht in den Werkstattschuppen einer „Technischen Hochschule" abge-
schoben?

Ein Homo Faber von Natur

In seiner Vergleichenden Morphologie der Tiere beschreibt Aristoteles den Menschen als einen Homo Faber und buchstäblich einen „Hand"-Werker von Natur. In unserer Hand hat der grosse Zoologe ein im Tierreich einzigartiges, vielfach verwandlungsfähiges Greiforgan gesehen, das den aufrecht gehenden, vernunftbegabten Menschen ein unbegrenztes Arsenal jederzeit aufnehmbarer und wieder ablegbarer „Organe", „Werkzeuge", im Wortsinne „handhaben" lässt:

„Da der Mensch von Natur aufrecht geht, hat er Vorderbeine nicht nötig, sondern an deren Stelle hat die Natur ihm Arme und Hände gegeben. … Denn das intelligenteste Lebewesen wird die grösste Zahl von Organen sinnvoll zu gebrauchen wissen; die Hand ist aber offensichtlich nicht nur ein einziges Organ, sondern viele: Sie ist sozusagen ein Organ anstelle von vielen. Dem Lebewesen nun, das sich die vielfältigsten technischen Fähigkeiten anzueignen vermag, hat die Natur das von allen Organen am vielfältigsten brauchbare, eben die Hand, gegeben. Aber die behaupten, der Mensch sei keineswegs gut ausgestattet, sondern am schlechtesten von allen Lebewesen – unbeschuht, sagen sie ja, sei er und nackt und ohne Watte, sich zu wehren –, die haben nicht recht. Denn alle anderen Lebewesen besitzen jeweils nur eine einzige Ausrüstung, und ihnen ist es nicht möglich, gegen diese eine Ausrüstung irgendeine andere einzutauschen, sondern sie müssen immerfort sozusagen in ihren Schuhen schlafen und sonst alles tun, und sie können den Panzer, der ihren Leib umschliesst, niemals ablegen, und die Waffe, die eine Gattung gerade erhalten hat, niemals gegen eine andere austauschen. Dem Menschen dagegen ist es möglich, vielerlei Ausrüstungen zu besitzen und diese jederzeit gegeneinander auszutauschen und so auch jede Waffe, wie immer er es will und wo immer er es will, zu besitzen. Denn seine Hand wird zu einer Kralle, zu einer Krebsschere und zu einem Horn, und wieder zu einer Lanze, zu

einem Schwert und zu jeder beliebigen anderen Waffe und überhaupt zu jedem beliebigen Werkzeug; denn zu all dem kann sie werden, weil sie alles fassen und halten kann."

*Der Mensch ein Stiefkind der Natur, „nackt und bloss, unbedeckt und un-
beschuht", wie der Kunstmythos von der Ausstattung der Tiere und des
Menschen in Platons „Protagoras" (vgl. S. 45 f.) ihn darstellt? Im Gegenteil: Während die Tiere mit ihrer spezifischen Organausstattung jeweils auf
ihre spezifischen Lebensverhältnisse spezialisiert sind, ist der Mensch durch
seine Fähigkeit zum Werkzeuggebrauch und seine Hand eben darauf spezialisiert, sich jederzeit auf alles und jedes spezialisieren zu können.*

„Viel Ungeheures ist ..."

In seinem ersten Lied spricht der Chor der Sophokleischen „Antigone" mit Staunen und Schaudern von der „Ungeheuerlichkeit" des Menschen. Die vielfältige Erfindungskraft des Homo Faber wird hier, wie die letzte Strophe deutlich macht, zum Paradigma für die Ungeheuerlichkeit des Polisbürgers und seines politischen Handelns im Schlimmen und Guten:

„Viel Ungeheures ist, doch nichts
so Ungeheures wie der Mensch.
Der fährt auch über das graue Meer
im Sturm des winterlichen Süd
und dringt unter stürzenden Wogen durch.
Und der Götter Heiligste, die Erde,
die unerschöpfliche, unermüdliche,
plagt er ab,
mit wendenden Pflügen Jahr um Jahr
sie umbrechend mit dem Rossegeschlecht.

Und der leicht-sinnigen Vögel Schar
holt er mit seinem Garn herein
und der wilden Tiere Völker und
die Brut des Meeres in der See
mit netzgesponnenen Schlingen:
der alles bedenkende Mann. Er bezwingt
mit Künsten das draussen hausende Wild,
das auf Bergen schweift,
und schirrt das rauhnackige Pferd
an dem Hals unters Joch
und den unermüdlichen Bergstier.

Auch die Sprache und den windschnellen
Gedanken und städteordnenden Sinn

bracht er sich bei, und unwirtlicher Fröste
Himmelsklarheit zu meiden und bösen Regens
Geschosse, allerfahren. Unerfahren
geht er in nichts dem Kommenden entgegen.
Vor dem Tod allein
wird er sich kein Entrinnen schaffen.
Aus Seuchen aber, unbewältigbaren,
hat er sich Auswege
ausgesonnen.

In dem Erfinderischen der Kunst
eine nie erhoffte Gewalt besitzend,
schreitet er bald zum Bösen, bald zum Guten.
Achtet er die Gesetze des Lands
und das bei den Göttern beschworene Recht:
Hoch in der Stadt! Verlustig der Stadt,
wem das Ungute sich gesellt
wegen seines Wagemuts! –
Sitze mir nicht am Herd
noch habe Teil mit mir am Rat,
wer so tut!"

*Die Übersetzung des Chorlieds ist von Wolfgang Schadewaldt über-
nommen.*

„Nichts ist uns Sterblichen allzu steil ..."

Audax omnia perpeti
gens humana ruit per vetitum nefas.
„Tollkühn bereit, alles zu durchleiden,
stürmt das Menschengeschlecht dahin
durch den verbotenen Frevel."

Horaz

Die dritte Ode des Horaz, die erste nach den Widmungsgedichten, gibt anfangs dem nach Athen aufbrechenden Dichterfreund Vergil ein freundliches Geleit, um dann in die schaudernde Besinnung auf die Schuld des „tollkühn" von einem „Frevel" zum anderen „dahinstürmenden Menschengeschlechts" umzuschlagen. Die Überfahrt über die Adria lässt Horaz mit Schaudern an die erste Seefahrt der Argonauten und andere mythische Grenzüberschreitungen gegenüber den vier Elementen denken: an den Feuerdiebstahl des Prometheus, den Flug des Dädalus und Ikarus, die Unterweltsfahrt des Herkules. Die letzte Strophe deutet auf den himmelstürmenden Kampf der Giganten gegen die Olympischen Götter, das klassische Exempel für den sträflichen Frevel gegen die göttliche Weltordnung:

„Nichts ist uns Sterblichen allzu steil:
Den Himmel selbst ersteigen wir in unserem Torensinn, und nicht
lassen wir es zu durch unser Verbrechen,
dass Zeus die zürnenden Blitze niederlegt."

„Wir sind der Welt zur Last"

Onerosi sumus mundo.

Viele Jahrhunderte, bevor der „Club of Rome" unsere Zeit an die „Grenzen des Wachstums" gemahnte, hat der Kirchenvater Tertullian im frühen 3. Jahrhundert n. Chr. mit rhetorischer Brillanz das unaufhaltsame Vordringen der Kulturlandschaften bis in die entlegensten Winkel des „Erdkreises" hinein vor Augen gestellt und geradezu die „Belastung" der ursprünglichen, natürlichen Welt durch das „Überhandnehmen des Menschen" beklagt:

„So ist es: Der ganze Erdkreis selbst steht uns dienstbar zu Gebote, und dies von Tag zu Tag üppiger kultiviert und reicher ausgestattet als am Tag zuvor. Alles ist bereits erschlossen, alles erkundet, alles voller Geschäftigkeit. Lieblichste Kulturen haben berüchtigtes Ödland weithin zum Verschwinden gebracht, Saatfelder haben die Urwälder zurückgedrängt, die Haustiere haben die Raubtiere in die Flucht geschlagen; Sandwüsten werden besät, Felsgründe werden bepflanzt, Sümpfe werden trockengelegt; Städte gibt es so viele wie früher nicht Häuser. Längst haben einsame Inseln ihren Schauder, Klippen und Riffe ihren Schrecken verloren; überall gibt es Häuser, überall Völker, überall Staaten, überall reges Leben. Das schlagendste Zeugnis für das Überhandnehmen des Menschen aber ist dies: Wir sind der Welt zur Last. Kaum reichen die vier Elemente uns noch aus, die Zwänge ziehen sich enger zusammen, und Klagen werden bei allen laut, während doch umgekehrt die Natur uns bereits nicht mehr erträgt. Wahrhaftig: Seuchen und Hunger, Kriege und Naturkatastrophen, die ganze Völker dahinraffen, müssen nachgerade als heilsame Eingriffe angesehen werden, gleichsam als ein Zurückschneiden des allzu üppig ins Kraut schiessenden Menschengeschlechts …"

Bildung und Wissenschaft

„Überall das handgreiflich Nützliche zu suchen,
passt am allerwenigsten
zu gross gesinnten und frei denkenden Menschen."

Aristoteles

Das Wichtigste: Erziehung und Bildung

Das griechische Wort „paídeusis" hinter unserer „Pädagogik" bezeichnet gleicherweise die „Erziehung" und die „Bildung" eines jungen Menschen. Dieses Ganze hat der Sophist Antiphon im Auge, wenn er von der Bedeutung der Erziehung und der Bildung im Kindes- und Jugendalter spricht:

„Das Wichtigste, meine ich, von allem im Menschenleben ist die Erziehung und die Bildung. Denn wenn einer bei einer Sache, welcher auch immer, den Anfang richtig gemacht hat, so wird aller Voraussicht nach auch das Ende richtig herauskommen. So ist es ja auch mit dem Boden: Welcher Art Samen einer hineingesät hat, solcher Art Früchte darf er davon erwarten. Und wenn einer in einen jungen Menschen eine gute Erziehung und Bildung hineingesät hat, so lebt das üppig fort und grünt und blüht das ganze Leben hindurch, und weder Wolkenbrüche noch Dürrezeiten können das je zunichte machen."

Bildungsziele, Bildungskosten

Jedem Ort, jeder Zeit und jedem Gegenüber, heisst es, habe Aristipp von Kyrene sich „harmonisch" anzupassen gewusst. „Dir allein ist es gegeben", spottete ein Zeitgenosse, „gleich souverän Purpur zu tragen oder irgendwelche Lumpen." Ein schillerndes Chamäleon, und dazu passt, dass dieser Edelkyniker wie die zeitgenössischen Sophisten Honorar für seinen Unterricht verlangte. Zwei Anekdoten gelten diesem Handel:

„Auf die Frage eines Mannes, was sein Sohn davon haben werde, wenn er zu ihm in die Schule gehe, erwiderte Aristipp: ‚Selbst wenn sonst gar nichts dabei herauskommen sollte, so wird er doch wenigstens im Theater nicht mehr wie ein Stein auf dem anderen herumsitzen.'"

Kein schlechtes Bildungsziel: wissen, was da jeweils gespielt wird, wer da mit wem spielt, wer da wem mitspielt, auf der Bühne, hinter den Kulissen, und wer da die Helden und die Schurken im Stück sind. In der anderen Anekdote geht es ohne Umschweife ums Schulgeld. Da macht dieser Aristipp deutlich, dass die Freiheit wie die Bildung ihren Preis hat und dass Bildungskosten, recht verstanden, zu einem guten Teil schlicht Freiheitskosten sind:

„Als einer seinen Sohn zu Aristipp in die Lehre schicken wollte, forderte dieser dafür ein Schulgeld von fünfhundert Drachmen. ‚Aber für so viel Geld', empörte sich der Mann, ‚kann ich mir ja einen Sklaven kaufen.' ‚Dann kauf dir doch einen', gab Aristipp zurück, ‚dann hast du gleich zwei!'"

Bildung zur „Musse"

„Wir leisten die Unmusse, um die Musse geniessen zu können,
und wir führen Krieg, um den Frieden geniessen zu können."
Aristoteles

*In einem bildungspolitischen Diskurs stellt Aristoteles die lebenserfüllende
„scholé", gewöhnlich verdolmetscht mit „Musse", der lediglich lebensnot-
wendigen „ascholía", der „Unmusse", gegenüber; dabei entsprechen die
„Musse" und die „Unmusse" im Leben des Einzelnen dem Frieden und
dem Krieg im Leben des Staates. Gegenüber der unbestritten notwendigen
Bildung zur „Unmusse" erhebt Aristoteles die Bildung zu einem sinnerfüll-
ten Leben in der „Musse" zur vornehmsten, dringlichsten Aufgabe der Bil-
dungspolitik:*

„Das gesamte Leben teilt sich in diese einander entgegengesetzten
Bereiche: in die Unmusse und die Musse und entsprechend in den
Krieg und den Frieden, und so sind von unseren Handlungen die
einen lediglich notwendige Voraussetzung und zweckdienlich, die
anderen ‚schön'. ... Zwischen diesen Bereichen besteht das Verhältnis, dass der Krieg um des Friedens willen geführt, die Unmusse
um der Musse willen bewältigt und überhaupt das Lebensnotwen-
dige und Zweckdienliche um des Schönen willen getan wird.

Auf beide Lebensbereiche, sowohl auf die Unmusse als auch auf die
Musse, muss der Politiker bei der Gesetzgebung sein Augenmerk richten. ... Denn es ist zwar wichtig, die Unmusse bewältigen und einen
Krieg führen zu können, wichtiger aber noch, den Frieden führen und
die Musse erfüllen zu können; und es ist wichtig, das Lebensnotwen-
dige und Zweckdienliche zu tun, noch wichtiger aber, das ‚Schöne' zu
tun. Daraus ergibt sich die Forderung, schon die Kinder auf diese vor-
rangigen Lebensziele hin zu erziehen und so auch die übrigen Alters-
stufen, soweit sie dieser Bildung noch bedürfen."

Die gebräuchliche Übersetzung der griechischen „scholé" mit „Musse" verleitet zu Missverständnissen; diese Aristotelische „scholé" hat nichts mit „Müssiggang" und „müssigem" Tun zu schaffen. Die antike Lebensteilung in – sinnerfüllte – „scholé" und – lediglich notwendige – „ascholía", lateinisch „otium" und „negotium", und die moderne in – bezahlte – Arbeitszeit und – unbezahlte – Freizeit verlaufen über Kreuz zueinander: Die lebenserfüllende „Musse" kann durchaus nebenbei den notwendigen Lebensunterhalt abwerfen, und die blosse Entspannung und Erholung von jedweder Anspannung und Anstrengung zählt für Aristoteles noch keineswegs zur „Musse".

„Niemals tue ich mehr ..."

Numquam plus ago, quam cum nihil ago;
numquam minus solus sum, quam cum solus sum.

Der Glücksfund eines Palimpsestes in der Vatikanischen Bibliothek im Jahre 1820 hat uns mit Ciceros verloren geglaubter Schrift „Über den Staat" ein grossartiges, einzig hier bezeugtes Mussewort wiedergegeben, dessen illustre Zitiergeschichte im Lateinischen bis zu dem älteren Scipio und im Verborgenen wohl noch ins Griechische hinaufreicht. Cicero hat es in der Einleitung zu seinem politologischen Hauptwerk dem jüngeren Scipio Africanus, dem Sieger im 3. Punischen Krieg, in den Mund gelegt, und der zitiert es dort aus einem – uns verlorenen – Werk des alten Cato als einen Lieblingsausspruch seines Grossvaters, des älteren Scipio Africanus, des Siegers im 2. Punischen Krieg:

„Niemals tue ich mehr, als wenn ich nichts tue;
niemals bin ich weniger allein, als wenn ich allein bin."

Cicero erklärt das doppelte, so raffinierte wie schlichte Paradox: Wer könne denn wahrhaft meinen, dass Dionysios von Syrakus damals mehr geleistet habe, als er alle Hebel in Bewegung setzte, um seinen Mitbürgern die Freiheit zu entreissen, als sein Landsmann Archimedes, als der, scheinbar dem Nichtstun hingegeben, sein Modell der sieben Planetensphären schuf? Und sei nicht eher derjenige allein, der im Gedränge und Gelärme des Forums keinen einzigen Menschen finde, mit dem er ein Gespräch beginnen möchte, als wer nach Lust und Laune mit sich selbst spreche oder gleichsam an einem Symposion grosser Geister teilnehme, wenn er sich in deren Schriften vertiefe?

Wegzehrung fürs Alter

Zu dem feinen Ausspruch des Aristoteles, die Bildung sei „die schönste Wegzehrung für das Alter", fügt sich ein anderer des alten Solon, in dem es um den Notvorrat für die letzte Wegstrecke geht. Der Athener Solon, einer der Sieben Weisen, und die Dichterin Sappho von Lesbos sind um die Wende vom 7. zum 6. Jahrhundert v. Chr. Zeitgenossen gewesen:

„Der Athener Solon, der Sohn des Exekestides, hatte Freude an einem Lied der Sappho, das sein Neffe auf einem Symposion zur Kithara sang, und forderte den jungen Mann auf, es ihm doch sogleich beizubringen. Als einer ihn fragte, aus welchem Grund es ihm damit denn so ernst gewesen sei, erwiderte er: ,Damit ich es auswendig weiss, wenn ich einmal sterbe.'"

Am Anfang das Staunen

„Alle Menschen streben von Natur nach Wissen."
Aristoteles

Mit dem „Staunen", sagt Aristoteles, habe die „Philosophie" – und das heisst hier: die Wissenschaft – ihren Anfang genommen: mit einem Sich-Verwundern, das dem Menschen zwischen verstörender Verwunderung und sprachloser Bewunderung die Freiheit lässt zu fragen:

„Durch das Staunen haben die Menschen sowohl jetzt als auch zuerst angefangen zu philosophieren: Am Anfang haben sie über das Naheliegende unter dem Unerklärlichen gestaunt; darauf haben sie sich, allmählich so fortschreitend, auch über Grösseres verwundert, wie über das Zu- und Abnehmen des Mondes, die Umläufe der Sonne und der Sterne und über die Entstehung des Alls.

Wer sich aber etwas nicht erklären kann und über etwas staunt, meint ja, etwas nicht zu wissen. ... Daraus folgt: Wenn die Menschen tatsächlich, um ihrer Unwissenheit zu entfliehen, angefangen haben zu philosophieren, dann ist offensichtlich, dass sie einzig um des Wissens willen der Wissenschaft nachgegangen sind und nicht um irgendeiner Nutzanwendung willen."

Herrscherglück, Forscherglück

Wie im 6. Jahrhundert v. Chr. der Lyderkönig Kroisos zum sprichwörtlich „Glücklichen" und zum superreichen „Krösus", so war bald darauf der persische Königsthron zum Inbegriff von Glück, Macht und Reichtum geworden. Im 5. Jahrhundert v. Chr., dem Jahrhundert der grossen kosmologischen Entwürfe, hat der Vordenker der griechischen Atomistik Demokrit dem viel zitierten Herrscherglück ein neu entdecktes Forscherglück gegenübergestellt:

„Demokrit pflegte, wie man bezeugt, selbst zu sagen, er wolle lieber eine einzige Ursachenerklärung finden, als dass ihm das Königreich der Perser zufiele."

Zwei entsprechende Bekenntnisse zu einem Leben für die (Natur-)Wissenschaft sind mit den Namen des Pythagoras und des Anaxagoras verbunden:

„Was ist es denn in aller Welt, um wessentwillen die Natur und der Gott uns Menschen hervorgebracht hat? Vor diese Frage gestellt, erwiderte Pythagoras: ‚Um den Himmel zu betrachten', und sich selbst bezeichnete er als einen Betrachter der Natur, und um dessentwillen sei er ins Leben gekommen."

„Auch von Anaxagoras sagt man, er habe auf die Frage, um wessentwillen man wünschen könne, auf die Welt zu kommen und zu leben, die Antwort gegeben: ‚Um den Himmel zu betrachten und die Sterne am Himmel und den Mond und die Sonne' – da alles Übrige ja nichts wert sei."

„Überwältigende Freuden"

„Allem Natürlichen wohnt etwas Staunenswertes inne."

In der Einleitung zu seiner Vergleichenden Morphologie der Tiere hebt Aristoteles seine junge Zoologie von der altehrwürdigen Astronomie ab. Beides, sagt er, habe seinen Reiz: Die Himmelsbetrachtung habe den Vorrang ihres ungewordenen, unvergänglichen göttlichen Gegenstandes für sich; die Erforschung des Lebenden habe dagegen die grössere Vielfalt und Fülle der Erkenntnisse aufzuweisen – und dazu die Nähe zu uns selbst. Auch die Untersuchung der niedersten Tiergattungen biete dem ernsthaften Naturforscher noch „überwältigende Freuden":

„Wenn wir nun über die Natur der Tiere sprechen, wollen wir nach Möglichkeit keine Gattung auslassen, weder eine minderen noch eine höheren Ranges. Denn auch bei den Tieren, die für unsere Sinneswahrnehmung durchaus nichts Angenehmes an sich haben, gewährt uns die werkmeisterlich gestaltende Natur im Zuge der Forschung doch überwältigende Freuden – so jedenfalls dem Betrachter, der jeweils die Ursachen zu erkennen vermag und von Natur nach solchem Erkennen strebt. …

Daher darf man nicht kindisch Widerwillen empfinden gegen die Untersuchung der minderrangigen Tiere. Denn allem Natürlichen wohnt etwas Staunenswertes inne. Und wie Heraklit den auswärtigen Besuchern zugerufen haben soll, die ihn treffen wollten und, wie sie im Näherkommen sahen, dass er sich gerade am Badeofen aufwärmte, draussen stehen blieben – er forderte sie auf, doch nur ungeniert einzutreten, denn auch da drinnen gebe es Götter –, so muss man auch an die Untersuchung jedes einzelnen Tieres ohne Naserümpfen herangehen, in dem Bewusstsein, dass in allen etwas Natürliches und damit etwas Schönes zu finden ist."

Kein Königsweg

Die Antike hat uns viele Anekdoten von Königen und Feldherrn, Politikern und Philosophen überliefert, aber nur wenige von Mathematikern und Physikern. Die hier zitierte stellt einen König, den Begründer der Ptolemäer-Dynastie, und einen Mathematiker, den Autor des klassischen Lehrbuchs der Geometrie, einander gegenüber:

„Ptolemaios I. von Ägypten richtete an Euklid einmal die Frage, ob es zur Geometrie nicht einen kürzeren Weg gebe als das Studium seiner ‚Elemente'. Euklid erwiderte ihm darauf, zur Geometrie gebe es keine königliche Strasse."

„… die Kunst ist lang"

Vita brevis, ars longa.

Die Hippokratischen „Aphorismen", die in der Neuzeit in zahlreichen Ausgaben und Übersetzungen verbreitet gewesen sind, stammen nicht aus der Hand des berühmten Arztes. Aber in dem lapidaren Eröffnungsspruch von der Weite der ärztlichen „Kunst" und der Schwere der Verantwortung möchten wir wohl die Stimme des grossen Hippokrates selbst vernehmen:

„Das Leben ist kurz, die Kunst lang, der Augenblick flüchtig, der Versuch gefährlich, die Entscheidung schwer."

Der „Augenblick", der „kairós": das ist der glückhafte Augenblick zwischen dem Zu früh und dem Zu spät. Lysipp hat dem vergöttlichten Kairos Flügel an den Füssen, eine üppige Stirnlocke und einen kahlen Hinterkopf gegeben: Man muss „die Gelegenheit", wie wir daher sagen, vorn „beim Schopfe packen"; wer sie vorübereilen lässt, hat nur noch das Nachsehen (vgl. S. 135).

Die beiden ersten Glieder des Aphorismus haben sich früh von den drei weiteren, deutlicher auf die „ärztliche Kunst" bezogenen gelöst und sind durch Seneca in der lateinischen Version „Vita brevis, ars longa" zum Geflügelten Wort geworden. Goethe hat sie in der Eingangsszene des „Faust" dem Famulus Wagner in den Mund gelegt:„Ach Gott! Die Kunst ist lang, und kurz ist unser Leben …"

Thales „Guck-in-die-Luft"

Am Anfang seiner „Metaphysik" hat Aristoteles den alten Thales von Milet, einen der Sieben Weisen, den „Archegeten" der Naturphilosophie genannt. Schon vorher, bei Platon, hatte sich der Spott über die Weltfremdheit des Gelehrten an den Namen dieses milesischen „Weisen" gehängt:

„Als Thales einmal, während er die Sterne beobachtete und zum Himmel emporschaute, in einen Brunnen fiel, soll eine so gescheite wie witzige thrakische Magd ihn so verspottet haben: Was am Himmel über ihm sei, das begehre er zu wissen; doch was vor ihm und vor seinen Füssen liege, das entgehe ihm."

Wer in Dr. Heinrich Hoffmanns „Struwwelpeter" die Geschichte von Hanns Guck-in-die-Luft liest, müsste ja selbst ein Luftgucker sein, wie er im Bilderbuch steht, wenn er in diesem jungen Hanns nicht den alten Thales Guck-in-die-Luft wiedererkennen wollte: „Wenn der Hanns zur Schule ging, / stets sein Blick am Himmel hing. / ... Vor die eignen Füsse dicht, / ja, da sah der Bursche nicht, / also dass ein jeder ruft: / ‚Seht den Hanns Guck-in-die-Luft!'" Als dieser Himmelsgucker dann „kerzengrad / immer mehr zum Flusse trat" und „plumps! der Hanns / stürzt hinab kopfüber ganz!", klingt zum Schluss aus dem Gelächter der drei Fischlein unverkennbar auch der kopfschüttelnde Spott jener thrakischen Magd wieder heraus: „Doch die Fischlein alle drei / schwimmen hurtig gleich herbei; / strecken's Köpflein aus der Flut, / lachen, dass man's hören tut, / lachen fort noch lange Zeit ..."

Das Paradox des Dialogs

Das griechische Wort „diálogos", „Dialog", meint seit Sokrates und Platon weit mehr, als dass da zwei Gesprächspartner miteinander sprechen. Das meint, vollkommen verdolmetscht, dass die beiden in Frage und Antwort, Rede und Gegenrede etwas miteinander „durchrechnen", sich geduldig und beharrlich von These und Gegenthese, Grund und Gegengrund buchstäblich „Rechenschaft geben". In unübersetzbarer Prägnanz spricht ein Epikureischer Spruch in diesem Sinne einmal von einer „philologischen" – das heisst im ursprünglichen Sinne des Wortes: „auf das Wort, auf den Dialog vertrauenden" – Wahrheitssuche, um darauf überraschend das Paradox eines solchen Dialogs hervorzukehren:

„In einer ‚philologischen' – auf den Dialog vertrauenden – gemeinschaftlichen Wahrheitssuche trägt der Verlierer den grösseren Gewinn davon: in dem Masse, in dem er hinzugelernt hat."

Lebensdaten der zitierten Autoren

Älian (Claudius Aelianus): griechischer „Buntschriftsteller", geb. um 175, gest. um 235 n. Chr.

Anaxagoras von Klazomenai: griechischer Philosoph, geb. um 500, gest. 428 v. Chr.

Anthologia Palatina: eine Sammlung griechischer Epigramme, Name einer um 980 n. Chr. entstandenen Handschrift

Antiphon von Athen: griechischer Sophist, zweite Hälfte des 5. Jahrhunderts v. Chr.

Apostolios: Verfasser einer Sammlung griechischer Sprichwörter, 15. Jahrhundert

Appian: griechischer Historiker, 2. Jahrhundert n. Chr.

Archilochos von Paros: griechischer Lyriker, Mitte des 7. Jahrhunderts v. Chr.

Aristipp von Kyrene: griechischer Philosoph, Schüler des Sokrates, geb. um 430, gest. um 360 v. Chr.

Aristophanes: griechischer Komödiendichter, Hauptvertreter der „Alten Komödie", geb. um 445, gest. nach 388 v. Chr.

Aristoteles: griechischer Philosoph, Begründer der Philosophenschule des Peripatos, geb. 384, gest. 322 v. Chr.

Äsop (Aisopos): legendärer Fabelerzähler, wohl 6. Jahrhundert v. Chr.

Athenaios von Naukratis: griechischer „Buntschriftsteller", um 200 n. Chr.

Augustin: lateinischer Kirchenvater, geb. 354, gest. 430 n. Chr.

Babrios: griechischer Fabeldichter, um 100 n. Chr.

Bias von Priëne: einer der Sieben Weisen, Mitte des 6. Jahrhunderts v. Chr.

Carmina Burana („Lieder aus Benediktbeuern"): eine Sammlung mittelalterlicher lateinischer Vagantenlieder aus dem 12. und 13. Jahrhundert

Chrysipp von Soloi: griechischer Philosoph, drittes Schulhaupt der Philosophenschule der Stoa, geb. um 280, gest. um 205 v. Chr.

Cicero (Marcus Tullius Cicero): römischer Politiker, Redner und Philosoph, geb. 106, gest. 43 v. Chr.

Demetrios von Phaleron: athenischer Politiker und Philosoph, geb. um 350, gest. um 280 v. Chr.

Demokrit von Abdera: griechischer Philosoph, mit Leukipp Begründer des „Atomismus", geb. 470/460, gest. 380/370 v. Chr.

Diogenes Laërtios: griechischer Philosophiehistoriker, wohl frühes 3. Jahrhundert n. Chr.

Diogenes von Sinope: griechischer Philosoph, mit Spitznamen der „Hund", Begründer der kynischen Philosophie, geb. um 400, gest. um 325 v. Chr.

Doppelzüngige Reden (Dissoí Lógoi): eine anonyme sophistische Schrift, um 400 v. Chr.

Epikur: griechischer Philosoph, Begründer der Philosophenschule des „Gartens", geb. 341, gest. 270 v. Chr.

Heraklit von Ephesos: griechischer Philosoph, geb. um 540, gest. um 480 v. Chr.

Herodot: griechischer Historiker, der „Vater der Geschichtsschreibung", geb. um 485, gest. nach 430 v. Chr.

Hesiod: griechischer epischer Dichter, um 700 v. Chr.

Hippokrates von Kos: griechischer Arzt, Begründer der medizinischen Wissenschaft, geb. 460, gest. um 370 v. Chr.

Homer: griechischer epischer Dichter, Archeget der europäischen Literatur, 8. Jahrhundert v. Chr.

Horaz (Quintus Horatius Flaccus): römischer Satiriker und Lyriker, geb. 65, gest. 8 v. Chr.

Ion von Chios: griechischer Tragiker, geb. 490/480, gest. kurz vor 421 v. Chr.

Kleobulos von Lindos: einer der Sieben Weisen, Mitte des 6. Jahrhunderts v. Chr.

Laktanz: lateinischer Kirchenvater, um 300 n. Chr.

Leukipp: griechischer Philosoph, mit Demokrit Begründer des „Atomismus", Mitte des 5. Jahrhunderts v. Chr.

Livius (Titus Livius): römischer Historiker, geb. 59 v. Chr., gest. 17 n. Chr.

Lysias: griechischer Redner, geb. um 445, gest. nach 380 v. Chr.

Marc Aurel (Marcus Aurelius Antoninus): geb. 121, römischer Kaiser 161–180 n. Chr.

Martial (Marcus Valerius Martialis): römischer Epigrammatiker, geb. um 40, gest. um 103 n. Chr.

Menander: griechischer Komödiendichter, Hauptvertreter der „Neuen Komödie", geb. 342/341, gest. 291/290 v. Chr.

Mimnermos von Kolophon: griechischer Lyriker, um 600 v. Chr.

Namatian (Rutilius Claudius Namatianus): römischer epischer Dichter, Präfekt der Stadt Rom 414 n. Chr.

Ovid (Publius Ovidius Naso): römischer elegischer und epischer Dichter, geb. 43 v. Chr., gest. 17/18 n. Chr.

Palladas von Alexandreia: griechischer Epigrammatiker, um 400 n. Chr.

Phokylides von Milet: griechischer Spruchdichter, um 600 v. Chr.

Pindar: griechischer Chorlyriker, geb. 522 oder 518, gest. nach 446 v. Chr.

Pittakos von Mytilene: einer der Sieben Weisen, um 600 v. Chr.

Platon: griechischer Philosoph, Begründer der Philosophenschule der „Akademie", geb. 428/427, gest. 348/347 v. Chr.

Plautus (Titus Maccius Plautus): römischer Komödiendichter, geb. um 250, gest. 184 v. Chr.

Plinius der Jüngere (Gaius Plinius Caecilius Secundus): römischer Literat, Briefeschreiber und Redner, geb. 61/62, gest. nach 112 n. Chr.

Plutarch: griechischer Literat, Biograph und Essayist, geb. vor 50, gest. nach 120 n. Chr.

Polybios: griechischer Historiker, geb. um 200, gest. um 120 v. Chr.

Poseidippos von Pella: griechischer Epigrammatiker, um 270 v. Chr.

Proklos: griechischer Philosoph und Mathematiker, geb. 412, gest. 485 n. Chr.

Protagoras von Abdera: Hauptvertreter der griechischen Sophistik, geb. um 485, gest. um 415 v. Chr.

Pythagoras von Samos: griechischer Philosoph, Begründer der Pythagoreischen Philosophie und des Pythagoreischen Ordens, geb. um 565, gest. um 495 v. Chr.

Seneca (Lucius Annaeus Seneca): römischer Politiker, Tragödiendichter und Philosoph, geb. um 4 v. Chr., gest. 65 n. Chr.

Simonides von Keos: griechischer Lyriker, geb. 557/556, gest. 468 v. Chr.

Sokrates: griechischer Philosoph, Archeget der Ethik, geb. um 470, gest. 399 v. Chr.

Solon von Athen: athenischer Politiker und elegischer Dichter, einer der Sieben Weisen, geb. um 640, gest. um 560 v. Chr.

Sophokles: griechischer Tragiker, geb. um 497/496, gest. 406/405 v. Chr.

Stobaios (Ioannes von Stoboi): Verfasser einer literarischen „Anthologie", 5. Jahrhundert n. Chr.

Sueton (Gaius Suetonius Tranquillus): Biograph der römischen Kaiser von Caesar bis Domitian, erste Hälfte des 2. Jahrhunderts n. Chr.

Tacitus (Publius Cornelius Tacitus): römischer Historiker, geb. um 55, gest. um 120 n. Chr.

Terenz (Publius Terentius Afer): römischer Komödiendichter, geb. um 190, gest. 159 v. Chr.

Tertullian: lateinischer Kirchenvater, geb. um 160, gest. nach 220 n. Chr.

Valerius Maximus: Verfasser einer Sammlung „Denkwürdiger Taten und Worte", erste Hälfte des 1. Jahrhunderts n. Chr.

Vergil (Publius Vergilius Maro): römischer bukolischer und epischer Dichter, geb. 70, gest. 19 v. Chr.

Vitalis (Ianus Vitalis): geistlicher Dichter aus Palermo, geb. um 1485, gest. um 1560

Stellennachweise

35 *„In vieles Einsicht und über nichts Gewalt":* Herodot, Geschichte 9, 16, 2 ff.

37 *Die Willkür der Tyche:* Demetrios von Phaleron, Über die Tyche, zitiert bei Polybios, Geschichte 29, 21 (6c), 3 ff.

38 *Weinen um die Feinde:* Der Bericht des Appian: Libyke 132 oder Polybios, Geschichte 38, 22 (39, 6), 1 ff.; das Homerzitat: Ilias 6, 448 f.; das Polybios-Fragment: Geschichte 38, 21 (39, 5), 1 ff.

40 *„Was du da siehst, ist Rom ...":* Ianus Vitalis, in: Delitiae poetarum Italorum, Frankfurt 1608

41 **3. Staat und Gesetz:** Aristoteles, Politische Schriften 1, 2. 1253 a 2 f.

42 *„Das Gesetz, der König über alle ...":* Herodot 3, 38, 1 ff.; das Pindarzitat: Fragment 169, 1 ff. Snell, bei Platon, Gorgias 484 b

43 *Das „Mass aller Dinge":* Protagoras, Fragment 1 Diels-Kranz – Platon, Theaitetos 152 a und 161 c f.; Gesetze 4. 716 c

44 *Ein Tauschmarkt für Gut und Schlecht:* Doppelzüngige Reden 18, Diels-Kranz, Die Fragmente der Vorsokratiker, Band II, Seite 409, Zeile 2 ff.

45 *Überlebenschancen:* Platon, Protagoras 322 a ff.

47 *Die Regierenden: „Sklaven des Gesetzes":* Das Motto: Platon, Symposion 196 c – Platon, Gesetze 4. 715 c f. und 6. 762 e – Älian, Varia historia 2, 20

48 *Politische Macht und Philosophie:* Platon, Staat 5. 473 c f.

49 *Ein Staatsbürger von Natur:* Aristoteles, Politische Schriften 1, 2. 1252 b 27 ff., 1253 a 15 ff., a 26 ff.; das Homerzitat: Ilias 9, 63: „Ohne Bruder, ohne Gesetz, ohne Herd muss der sein, der sich sehnt nach dem Krieg im eigenen Volk ..."

51 *Unabänderliche Rechte:* Cicero, De re publica 3, 33, bei Laktanz, Divinae institutiones 6, 8, 6 ff.

53 *Der erste Schritt:* Marc Aurel, An sich selbst 9, 29, 3 ff.

55 **4. Zwischen Reich und Arm: die Mitte:** Phokylides, Fragment 12 Diehl, bei Aristoteles, Politische Schriften 4, 11. 1295 b 33 f.

56 *Kein „Mein" und kein „Dein":* Das Motto: Platon, Phaidros 279 c (das Schlusswort des Dialogs) – Platon, Staat 5. 462 a ff.; vgl. Gesetze 5. 739 b ff.

57 *Die Lust am Eigentum:* Das Motto: Aristoteles, Politische Schriften 2, 5. 1263 a 40 f. – Aristoteles, Politische Schriften 2, 3. 1261 b 32 ff. und 2, 5. 1263 b 15 ff. – „Unser Freund ist Platon ...": nach einer spätantiken Aristotelesbiographie, der sogenannten Vita vulgata, § 9

59 *Lob des Mittelstands:* Aristoteles, Politische Schriften 4, 11. 1295 b 1 ff.

Abgekürzt zitierte Fragmentsammlungen:

Diehl: Anthologia Lyrica Graeca, herausgegeben von Ernst Diehl, 3. Auflage, Leipzig 1949

Diels-Kranz: Die Fragmente der Vorsokratiker, griechisch und deutsch, von Hermann Diels, 8. Auflage, herausgegeben von Walther Kranz, 3 Bände, Berlin 1956

Nauck: Tragicorum Graecorum Fragmenta, herausgegeben von August Nauck, 2. Auflage 1889, Nachdruck Hildesheim 1964

Notiz:

Das Zitat aus der Solonischen „Musenelegie" (S. 28 f.) ist übernommen aus: Hermann Fränkel, Dichtung und Philosophie des frühen Griechentums, Beck'sche Verlagsbuchhandlung, München, 5. Auflage, 2006; die Zitate zu den „Olympischen Automaten" (S. 158 f.) aus: Homer, Ilias, Neue Übertragung von Wolfgang Schadewaldt, Insel Verlag, Frankfurt am Main, 1997; das Sophokleische Chorlied „Viel Ungeheures ist ..." (S. 164 f.) aus: Sophokles, Antigone, übertragen von Wolfgang Schadewaldt, Insel Verlag, 11. Auflage 1995.

Stellenregister

Das Register verzeichnet alle in die Sammlung aufgenommenen oder in den einführenden Bemerkungen angesprochenen Stellen.

Anaxagoras, Fragment B 21 a
  Diels-Kranz: 150
Anthologia Palatina 11, 349: 25
Anthologia Palatina 16, 275: 135
Antiphon der Sophist, Fragmente
  B 52 und 53 a Diels-Kranz: 134
Antiphon der Sophist, Fragment
  B 60 Diels-Kranz: 170
Antiphon der Sophist, Fragment
  B 77 Diels-Kranz: 134
Apostolios, Sprichwortsammlung
  12, 58: 131
Appian, Libyke 132: 38
Archilochos, Fragment 68 und 58
  Diehl: 18
Aristophanes, Plutos 1151: 69
Aristoteles, De generatione
  animalium 2, 6. 744 b 16 f.: 153
Aristoteles, De partibus animalium
  1, 5. 645 a 5 ff.: 178; 645 a 9:
  152 f.
Aristoteles, De partibus animalium
  3, 1. 661 b 22 ff.; 3, 2. 662 b
  30 ff. und 663 a 17 f.: 152
Aristoteles, De partibus animalium
  4, 10. 687 a 6 ff. und a 19 ff.: 152
  und 162 f.
Aristoteles, Metaphysik 1, 1. 980 a
  21 und 1, 2. 982 b 12 ff.: 176

Aristoteles, Metaphysik 1, 3. 983 b
  20 f.: 181
Aristoteles, Nikomachische Ethik 1,
  6. 1098 a 7 ff.; 1, 9. 1099 a 31 ff.
  und 1, 11. 1100 b 22 ff.: 97 ff.
Aristoteles, Nikomachische Ethik
  9, 12. 1172 a 1 ff.: 83
Aristoteles, Nikomachische Ethik
  10, 7. 1177 b 4 f.: 172; 1177 b
  30 ff.: 26
Aristoteles, Politische Schriften 1,
  2. 1252 b 27 ff., 1253 a 15 ff.,
  26 ff.: 41 und 49 f.
Aristoteles, Politische Schriften 1,
  4. 1253 b 32 ff.: 159 f.
Aristoteles, Politische Schriften 2,
  3. 1261 b 32 ff. und 2, 5. 1263 a
  40 f. und b 15 ff.: 57 f.
Aristoteles, Politische Schriften 4,
  11. 1295 b 1 ff.: 59 f.; 1295 b
  33 f.: 55
Aristoteles, Politische Schriften 5,
  9. 1309 b 18 ff.: 61 f.
Aristoteles, Politische Schriften 7,
  14. 1333 a 30 ff.: 172 f.
Aristoteles, Politische Schriften 8,
  3. 1338 b 2 ff.: 169
Aristoteles, Protreptikos, Fragment
  B 18 und 19 Düring: 177

Seneca, Briefe an Lucilius 103, 1 f.:
87 f.
Seneca, Briefe an Lucilius 104, 26:
145
Seneca, Briefe an Lucilius 123, 1 ff.:
108
Seneca, Briefe an Lucilius 123, 6:
106
Seneca, De brevitate vitae 1, 1: 180
Simonides, Fragment 6 Diehl: 20
Solon, Fragment 1, 9 ff., 63 f. und
71 ff. Diehl: 28 f.
Solon, Fragment 176 Martina: 175
Solon, Fragment 22, 1 ff. und 7
Diehl: 120 f.
Sophokles, Antigone 332 ff.: 164 f.
Sophokles, Fragment 531, 1 Nauck:
15 und 26
Sophokles, Fragment 759
Nauck: 23
Sophokles, Fragment 916 Nauck: 93

Stobaios 2, 31, 115: 179
Stobaios 3, 1, 172, Pittakos 1: 135
Stobaios 3, 29, 58: 175
Sueton, Nero 38, 1: 75

Tacitus, Agricola 2, 1 ff.: 89
Tacitus, Annalen 16, 35, 2 f.: 90
Terenz, Adelphoe 48 ff., 57 f. und
65 ff.: 126 f.
Terenz, Heautontimorumenos
75 ff.: 70 f.
Tertullian, De anima 30, 3 f.: 167

Valerius Maximus 4, 4, Einleitung:
129
Vergil, Aeneis 6, 851 ff.: 76 f.
Vergil, Georgica 1, 121 ff.: 156 f.
«Vita vulgata» (Aristotelesbiogra-
phic) 9: 57
Vitalis, Ianus, «Qui Romam …
quaeris»: 40

Namen- und Sachregister

Die kursiven Ziffern verweisen auf Zitate der Autoren.